In Lancashire Language

With Best Regards,

Michael May.

Landy Publishing
"Acorns",
3 Staining Rise,
Staining,
Blackpool FY3 0BU
Telephone: (0253) 886103

ISBN: 1 872895 08 5

Phototypeset and printed by Galava Printing Company Ltd., Nelson, Lancs.

In Lancashire Language

Lancashire Poems
selected by
Bob Dobson

Illustrations by Doris Snape

Landy Publishing
1991

Introduction

The poems in this book are on many diverse topics, yet they all were fashioned from the same thread - the language of Lancashire. Some are richer in dialect expressions than others, but they all speak in and of Lancashire.

I approached the various writers to provide material for this book, and have had to select about eighty verses from over three hundred sent to me. I hope you are pleased with my selection. I hope that you will agree that I have found some gems which reflect and show off the many facets of Lancashire life both past and present.

There are poems to make you laugh, others to make you weep. No Lancashire lad or lass can fail to notice something which reminds them of some person, some place or some event in their memory. Don't thank me for this - thank the writers whose efforts and talents have served to remind us that humour, pathos, other emotions and a certain way of speaking are alive and well and living in Lancashire.

This book is intended as a follow-on to "*From Lancashire Lips*", Lancashire Dialect Verse selected by me and published by Landy Publishing in 1990.

Bob Dobson

Contents

Fox Robin
by Joe Wildman (Leigh)

Fox Robin were as lively a cowt
As ever tripped a measure
An mischief were his forti —
An suppin ale his pleasure

At neet he'd sit in t'snug, bi t'feyr,
Retellin aw his tales
An some believed, an some did not
An blamed it aw on th'ale.

When t'pub door shut, wi Fox eawtside,
He'd supped anow o'drink
Fert sharpen up his cunnin wit,
Tho' t'cowd air made him blink.

Oft tahms he'd wend his weary road
Thro' t'Churchyard, t'short road whoam,
An nod an wink an share a jest
Wi t'stoans o'mates lung gone.

This one cowd neet he'd supped a draught,
Not wisely but too weel,
An tummelt deawn an oppen grave
While caperin a drunken reel.

Weel, theer he were in t'corpses bed
Wi waws too steep, bi th'mass,
To meawnt in t'state as he were in,
He couldn't get back to t'grass.

He ceawrt him deawn, in corner dark,
Fert wait fert breyk o'day
So's he cud find his own road eawt
Bi th'leet o't'sun's fust rays.

It happent while he ceawrt him deawn
A mate o'his passed near
So Fox, ne'er one fert miss a trick,
Leet eawt a moan, so dreer

That Billy Winker jumped a mile,
T'yur stood up on his bawd yed,
He missed his footin, tummelt deawn
Fer share Fox Robin's bed.

His een stood eawt lahk orgin stops,
He were feightin fer his breath,
He favvered he'd bin white washed
An were feart near to death.

'Weel met, Billy' spoke Fox Robin
'Tha's danced monny a lively stave,
Ah knowed tha'd do owt fer me -
But Ah ne'er thowt tha'd share mi grave.

At this Bill leet eawt a fearful howl
An jumped clear eawt o'th'ole,
He bowted whoam lahk he'd seen t'Devil,
An owd Nick were after his soul.

Fox near weet hissel wi lowfin,
A funnier seet he'd rarely seen
An when he towd yon tale in t'tap room
Bill went a bilious shade o'green.

'Were it thee? Fox Robin, were that thee
In t'Churchyard late last neet?
Ah thowt mi final day ud cum.
Ah've ne'er seen a sorrier seet

Than yon thing, ceawrin in yon corner
An cawin me bi name;
Bi th'mass, Ah'll ne'er go near a Churchyard
Til mi numbers up in t'frame.'

Though monny a weary years gone by
An Fox Robin's gone to dust
Sum tahms folk see him, sut on t'stones
— An lowfin fit fert bust.

Billy Guest
by Joe Wildman (Leigh)

Billy Guest ne'er did ameawnt to much,
He were allus middlin small,
But tha should ha seen yon 'orse he warked
Fro t'farm deawn t'lone, Peel Hall.

They'd thirty two nags stabled yon
An aw weighed weel o'er t'ton,
But everybody lowfed fert see
T'big orse - an t'little mon.

They seet off early every morn,
Jeyned t'Leyth road at Teawn Lone,
Then clattert off to Marsland Green
Wheer t'days wark had t'be done.

From dawn til dusk they teyled away,
Pooin waggons fillt wi coal
As cum fro t'Nook an Gin Pits —
An tipplin em deawn th'ole

As led to t'chute an then to t'boat
As waited theer, on t'cut,
Day in, day eawt, fro morn til neet
Yon gapin 'ole ne'er shut.

Days wark done they'd toddle whoam;
Clip-clop, clip-clop shoon went;
Wi ard day's graft behind em —
Boath mon an orse content.

It's monny a day sin Bill passed o'er,
Boat horses 're lung gone,
But mah minds eye con still recall
T'big orse - an t'little mon.

Leyth's Last Chimbley?
by Joe Wildman (Leigh)

Ther's but one solitary chimbley
Stonds theer, smookin, in eawr teawn
An as it puffs it ponders o'er its mates
That's bin pooed deawn.

They allus stood in stately ranks,
Mid terraced rows an back-to-backs;
Neaw wheer they stood stond little boxes —
Sprung up lahk weeds through cracks.

Ther's but one solitary chimbley
Pourin smook eawt o'er eawr teawn
Ah th'incummers cast a baleful e'e —
An' weesh that it were deawn.

They never knowed them early days,
When tall, streyt chimbleys stood fer wark;
When folk teyled ard, in mill an' pit,
Fro cock-crow through til dark.

Warkers clugs no lunger clatther
Deawn cobbled streets at breyk o'day,
Fer neaw folk dreyve in mooters
To ther wark - sum miles away.

Tall office blocks, lahk ant hills,
Swallow hordes o'faceless men,
Who spend a few heawrs shufflin papper,
Lickin stamps an pushin pens.

These faceless legions goo whoam tired
Through idlin tedious heawrs away
An think they'n dun a sterlin job —
As justifies heigh pay.

Ah wouldn't lahk to see folk slave
In this enleetened age,
But them as did, in mill an pit,
Wrote Lankyshurs best page.

Desirable Residence
by Brian Mitchell (Radcliffe)

Victorian 'eawses, back-ter-backs,
Survivors o' times past,
'Eaw weel they'n worn, no sign o' cracks
Fro' t'doorstheps up ter t'chimbley-sthacks —
Mi Granddad built ter last!

Jus' forty pun they cost brand-noo,
A lot wen life wur 'ard,
Two-up, two-deawn, an' flagged aw throo',
Wi' gas on tap, cowd watther too,
An' closets eawt i' t'yard.

Neaw that wur luxury fer folk
As geet a keigh ter t'door,
They'd scrape up t'rent tho' welly broke,
Wen t'coil run eawt, mek do wi' coke,
Fer t'keep thur whoam secure.

Terday they'n aw bin modernised,
Dun up inside reight nice,
Th'owd tenants ud 'a' bin surprised
Ter see thur cottage advertised
Fer sale at sich a price.

A lot o' watther's gone deawn t'grid
Sin Granddad laid them bricks,
Thur aksin' thurty thousand quid
Fer th'eawse ah lived in as a kid,
Wen t'rent wur two an' six!

Inbreeding
by Brian Mitchell (Radcliffe)

Wi 'n aw bin wettin' t'babby's yed
I' pints o' mild at t'Bull,
Ah've never sin so mony folk,
T'saloon wur vernee full.

Wi 'ad fer t'visit th'eawse, tha knows,
An' gawp at t'chilt i' t'pram,
A proper bassinet it wur
Wi' springs jus' like a thram.

Aw t'nayburs cum wi' bits an' bats,
A pur o' woolly shoon,
A thripny joe fer t'kessenin',
Wun browt a silver spoon.

"'E's getten curls same as 'is mam,"
"'Is feythur's een ur blue,"
"Wot's that? 'E's beawn' fer t'sken a bit,
Young childer allus do."

"'E 'as a luk o' Uncle Jack,
An' that's 'is Granddad's chin;
Thur's nowt wrung wi' 'is lungs Ah see,
'E corn't 'afe mek a din!"

Ah durn't know wot thur on abeawt,
Thur eeseet mun bi poor,
Ter me 'is gob's a gi 'away,
— 'E favvers t'chap nex'-door!

R.I.P.
by Brian Mitchell (Radcliffe)

Bear up, lass, t'future's noan as black
As folk meight think, tha did thi whack
I' mekkin' shure 'e ne'er went short,
Bur aw thi tears wurn't fotch 'im back.

'E didn't suffer, durn't tek on,
Tha'rt beawn' fer t'miss 'im neaw 'e's gone,
'Twur just owd age as sin 'im off,
They'll see as 'e's aw reet up yon.

I' times like these wi mun bi brave,
Jus' lay thi posy deawn o' t'grave
Aside o' t'yedstoan theer, an' then
Wi'll say tara wi' wun las' wave.

Sum day tha'll 'appen undtherstond
Wot life's abeawt, tho' it's beyond
Explainin' neaw, an' t'reason why
It doesn't do t'ger ower fond.

Cum on, durn't let thi dinner spile,
Thi Mam's bin waitin' aw this while
Fer t'gi' thi t'twin o' t'mouse as deed,
So dthreigh thi een, let's sithee smile!

Autumn
by Brian Mitchell (Radcliffe)

This summer's noan felt quite so waarm,
Ner t' raindthrops quite so fresh,
Mi ganzy's ne'er bin off mi back,
Ah mun bi gerrin' nesh!
Wen t'leaf's o' t'turn an' t'fleawers fade
An' t'wind blows dthree an thin,
Ah'm fain fer t'utch i' t'chimbley-nook
As t'neets start dthrawin' in.

Ah sits theer rockin' to an' fro,
Jus' sturin' inter t'flames,
An' wetchin' picthers cum an' goo
O' faces wi' eawt names,
An' sum on 'em ull wink at mi
While others gawp an' grin,
Thur th'onny friends Ah've getten left
Neaw t'neets ur dthrawin' in.

An' wen Ah sees mi chilt'ood clear
But t'dthreams wurn't goo away,
An' yet Ah corn't remember owt
As 'appened yustherday,
Ner wether Ah've sthepped eawtside th'eawse,
Ur 'oo the 'eck Ah've sin,
Ah'st know it wurn't bi lung afore
Mi neets start dthrawin' in.

In Eawr Teawn
by Dave Dutton (Atherton)

In eawr teawn, we live on t'dole
We've spun aw t'cotton, we've brunt aw t'coal.
We've getten etten up bi a bigger teawn —
If things get any wuss, they'll hafta close th' beggar deawn.

In eawr teawn, we think it's nice,
Livin' ere is Paradise;
To stay wheer wur born is what we lahk
But we're towd we'st aft get on eawr bahk.

In eawr teawn, we think it's great
Kids sniff glue an' stop eawt late;
Muggers deawn each ginnel lurk,
But they cawnt steyl eawr wages
—'Cos noan of us werk.

In eawr teawn, we're very close
If **one** gets 'flu, we **aw** gerra dose.
Wi' aw't kids names we are acquainted —
'Cos they're sprayed aw oo'ert waws an' painted.

In eawr teawn, we aw gut Club.
Them as dun't gut Club gut Pub.
Them as dun't gut Pub gut Bed —
Especially them who've just geet wed.

In eawr teawn, there's nowt fer't do —
They've closed deawn t'flicks an' swimmin' poo' too;
There's only Bingo — but that's reet dull —
Ah'd kill misel, but Cemetery's full.

In eawr teawn, we spend aw day
Watchin' telly an' suppin' tay;
We'd emigrate, but fer what it's worth —
EAWR TEAWN IS T'FINEST PLACE ON EARTH!

Fer A Doomed Factory Chimney
by Dave Dutton (Atherton)

Creawds o' fooak av come fert watch thi dee
Owd familiar friend;
Th'art useless an unwanted dosta see —
Thi life mun end.

Preawd tha stonds like one o' th'upper crust
Soon theaw'll be gone;
An' of thi memory, there'll be nowt but dust —
Lahk mortal mon.

Fer years tha's played a leadin' part on t'stage
An played it well;
An' saw th'awf-timers through to ripe owd age —
Just lahk thisel.

Whene'er theaw breathed, theaw breathed lahf inter't place —
But that's in t'past.
When Progress says: "Ah dunnot lahk thy face"
Theaws breathed thi last.

'Ere comes thi executioner deawnt sreet.
Thi lahf is dun wi.
Ah'm sure theawd thry't escape if theawd but geet
Some legs fert run wi.

Creawds hushed and silent neaw and then comes one
Almighty crack.
Tha topples o'er and then tha's gone,
Wi' brokken back.

An th'eyes that watched thi faw neaw fill wi' tears,
Folk realise.
Theaw were a symbol o' their working years —
Neaw dead tha lies.

An Epitaph fer thee ah've written deawn,
Ah'll say it clear.
*"Here lies the body of a forgotten Cotton Town —
R.I.P. Lancashire."*

Ah've Getten T' Flu
by Sarah Hunter (Oldham)

It meks no odds what th' docter sez,
Ah've getten t' flu, no doubt at aw.
Mi snowt's as sore as a pregnant beyl,
It's runnin' like a wayterfaw.

Ah rubbed mi chest wi' Feighery Jack,
By-gum! it made me shift mi stumps,
Mi skin's peeled off like catpapper,
Ah'm just a mass o' blebs an' lumps.

Mi yed's as hot as a beyler-feigher,
There's swat enoo tu weish mi pots,
This flu's bin naggin me fer weeks.
Its verneear teed mi up i' knots.

Nob'dy ud think these legs were mine,
Aw've ne'er felt nowt like this afore!
They favver they'n bin filleted,
Ah winno own um ony mooar.

This flu has no respect fer th' owd,
It cums an' mows us deawn like sheep;
Tu-day we met bi feightin-wick,
Tu-morn we met bi six-feet deep.

An these-ere tablets er no good,
They'er wor ner gerrin bowt a stone;
They verneear robbed me o' mi breath,
A chill went through me reet to t' bone.

Ah think Ah'll try some shuzheaw,
That's if this cowf ull lev me be;
It's brutal when Ah lee me deawn,
But Ah'm bownt meyster it, you'll see.

Who'd think ut flu could cause aw this?
Mi cranky chest, an' mi warchin yed,
Ah'm weeker ner a still-born chilt;
Ah'll sup mi toddy an' goo to bed.

God Mentions Sparras
by Sarah Hunter (Oldham)

What arta singin' little brid,
Up theer i' yonder tree;
Maybe tha'rt givin' thanks to God
Becose tha knows he cares fer thee?

He mentions sparras i' his word,
Tha'rt precious i' his seet;
He sees thi when that faws to t'greawnd
An' grieves when tha'rt noan treated reet.

Thi sung is pure an' delicate,
Tha'd move a heart o' stone,
No human could ha' feshioned thee!
God's wark it wer, an' His alone.

One day mi heart wer ver-nee brogged,
While trudgin', who knows wheer?
It wer thi sung ut roused mi up,
It shifted every trace o' fear.

Tha'rt sich a fragile little brid,
Ah fear tha'll brast thi lungs,
But nowt con quell thi happiness
While singin' aw thi' sacred sungs.

Sich innocence, sich purity,
Tha's never towd a lee,
Tha wouldno' steyl a teeny crumb
Unless tha knew it wer fer thee.

Aw'll nourish thi mi bonny brid,
It's aw ut Ah con do,
Thi little day'll soon bi o'er,
Because tha'rt nobbut passin' through.

Ah'll ax our God to cover thi,
His hond is big an' waarm,
So sound thi trebble while tha con,
Then rest thisel upon His arm.

It's gerrin' dark, th' owd sun's gone deawn,
An' tha mun fly away,
But curl up cosy i' thi nest,
An' Ah'll sustain thi every day.

Wiggin Pier
by John C. Barclay (Wigan & Colwyn Bay)

It's Orwell time i' Wiggin neaw
't were eighty fowr t' other year,
an't' ceawncil's done a gradely job
on t' road t' Wiggin pier.

Wi've getten biggest drivin' wheel
it's deawn i't' Trencherfield,
an' wi've shifted Pier to Wawgate Wharfe
fro't' marsh bi Scot Lone field.

Neaw we're eatin' eawt i't' Warehause.
Gooin' fo' trips on t' cut.
While t' band'll play, wi'll dance away
a past wi've getten shut.

Were Orwell then a Wiggin lad?
Did Rugby know his feats,
or did he mek us laugh 'n' sing
at th' Hippodrome o' neets?

Oh no! He were a Socialist.
A chap fro't' middle class,
as spent some time i' Wiggin Teawn
livin' wi't' workin' class.

He feawnd a gradely lodgin' place
wi' bed bugs on its waws.
Close by th' owd gasworks' evil stench,
an' he dined on tripe 'n' sauce.

Thoose things he writ wi didna like
thi touched eawr ancient pride,
fo' we aw knew o' palaces
yon dirtti slums did hide.

Eawr hearts were hurt afowr eawr yeds
tuk time t' work it eawt.
He writ o' shame, but not eawr shame.
Wi'd pride, when we did beawt.

He writ to tell t'other folk
true cost t' one an' aw
o' market forces workin' eawt
their economic law.

Wiggin's much changed sin' Orwell writ
there's trees an' grass in Scowes.
Gasworks hev gone an't' Ring road's come,
an't' slagheaps neaw feed cows.

Eawr brass is earned i' diff'rent ways
to feyther's working' scenes.
Wi don't dig coal. Wi don't weive cloth.
By eck! Wi con bake beans.

A good neet eawt to Wiggin folk
it hasna changed so fast.
We allus liked eawr food 'n' drink,
an' songs o' times gone past.

So raise thi glass, an' gee a toast
i't' Warehause deawn bi t' wharfe.
T' George, who towd, when trade were slack
heaw clemt were t' other hawf.

Eatin' Eawt Armada Style

by John C. Barclay (Wigan and Colwyn Bay)

Neaw t' sea were high, an't' wind were strung
That neet yon ship went crack.
Yon breeze were cowd i't' mornin' leet,
an't' sond wi' bodies black.

Ned an' his mates were seechin' reawnd
fo' life on Ainsdale Sand,
but there were nown, fo' aw were gone.
The humble an' the grand.

Ned an' his mates were seechin' reawnd
upon yon littered shore,
an' when thi'd done thi'd quite a pile
o' stuff t' stack n' store.

There were pots n' pans fro' galley.
Barrels n' crates fro' t'howd,
an' greawt baskets full o' strange fruit
upon yon mornin' cowd.

Neaw Ned were clemt, so were his mates,
fo' jackbit had thi nown.
Fishin' were bad, an' t' stores aw gone,
an' t' harvest not yet sown.

Their ballies were next t' backbone,
when t' baggin' time come reawnd,
so thi thowt t' cook some strange fruit
in a fire dug i't' greawnd.

Aw tho they were reyther moorish;
lads feawnd em brunt n' hard,
so next time reawnd they cut em smaw,
an' fried em in some lard.

Ned knew he'd getten a winner;
him an' his mates agreed
t' flog em at Wiggin market.
A fortune they had seed.

At Wiggin Teawn Gatemon did ax.
"Whats getten in yon cart?"
Ned said "A new an' wonderous fruit.
Come from a furrin part."

Chap's face were stone. He wer'n't impressed
bi tales fro' fisher folk.
He said, "Yon fruit's not on mi list.
Back whoam yo'd better walk."

Their feet were sore. Their ballies slack.
A fortune gone from seet.
Eawtside yon gate thi sat em deawn.
Started fryin' fruit t' eat.

Then Gatemon wi' a smile on t' face
come eawt to em an' said.
"Yo meal smells better than mi snap."
"Come sit thi deawn." said Ned.

Then t' Wiggin folk streamed through yon gate.
Market were fergetten.
Queue it were deawn t' Duggy's bonk.
Bi neet aw fruit were etten.

So Ned an' his mates went back whoam
fur' another batch t' fry,
an' then they thowt t' catch some fish
fo' folk t' come an' try.

Back whoam they thowt t' keep some fruit
t' plant a second crop,
so some did that, an some cast nets,
an aw filt cart t' top.

So back thi come, Aye back again.
Until aw fruit were done,
an' Wiggin folk said if crop growed
thi'd like a further run.

Neaw t' this day upon yon plain
at back of Ainsdale's shore
yo'll find i' lond that's black an' grand
strange fruits growin' bi the score.

An' when the're picked an' packed i' bags,
i' lurries will thi race
fo' Wiggin Teawn. On t' Market Square,
as spuds tek pride o' place.

So think on t' times when Good Bess reigned,
an' Ned, who made thoose trips
t' bring to aw i' Wiggin Teawn
very fust fish n' chips.

Lancashire
by Michael May (Bamber Bridge)

Its 'ed a deal o' moither, this Cahnty Palatine of eawrs.
Its bin fowt in, fowt o'er, plundered, an' its sin its share o' wars.
Bud th' essence o' these 'appenin's is wod med us wod wi ar,
Thi've composted in its 'istry's soil an' browt us aw to fleawr.

Its browt up mony an 'eroe, ay, an' mony a villain too,
An' its sired sum o' t' Royalty, an' bred a King er two,
An' t' spirit o' wod 'appened t' them, er wod thi browt t' pass,
Is i' th' 'earts thats beatin' in each Lanky lad an' lass.

Its browt up plain an' fancy fooak, like its tradesmen an' its squires,
Bud it's famous fer its experts that warn't fon in other Shires,
Thi wer t' weyvers in its mills, i' t' days of Owd King Cotton,
An' 'appen thers nooan nahadays, bud thi'll never bi fergotton.

Wi've cleyned it up a bit nah, an' weshed its sooty face,
An' thi 'ardly look t' same features frae its cotton factry days,
Bud it warn't aw muck an' chimneys, even in its days o' yore,
Wi've allus 'ed green 'ills an' fells, an' miles o' rollin' moor.

Wi've geet eawr streams an' rivers, flashin' an' splashin' dahn t' t' sea,
An' miles an' miles o' sandy shore, wi' its seabirds wild an' free,
An' acre upon acre o' fields of ooats an' corn,
As ripple wen th' wind blows, like gowden seawaves in a storm.

Wi've geet eawr way o' talkin', wi' dialect in eawr speech,
An' wi 'ed eawr way o' walkin' wen wi'd clogs on aw eawr feet,
Even tho' ther nod as common nah, thi'll never quite dee aht,
As long as born an' bred Lancastrians ar abaht.

Ay, mon! 'Ere wi've getten it aw, Ah wouldn't swop an inch,
Fer t' rest o' t' world tegether, neauw, nod even fer a pinch!
Thers places 'ere thats nicer than i' Cornwall er i' Devon,
An' i' this shop Ah'll allus stop: Its mi little bit of 'Eaven.

T'Trip ov a Lifetime
by Michael May (Bamber Bridge)

Ah picked mi own rooad, an' dahn it Ah went,
Just weer it'd lead, Ah'd no clear intent,
As fer weer it wer gooin', Ah ne'er gi' a thowt,
Ah'd keep follerin' mi nooas an' si' wod it browt.
Soa Ah just plodded on, rahnd its bends an' its ways,
Nod wetchin' mi steps an' nod cahntin' mi days.

Sometimes, wi' mi mates Ah'd ride dahn it o' t' bike,
Wi' a tent teed o' t' back, er sometimes wi'd 'ike,
Aw t' time i' breet sunleet, Ah remember it weel,
An' some'ow er other, t' rooad wer allus dahn 'ill,
An' s' weer t' rooad took us, it wer never i' t' rain,
Ah ne'er travelled a stretch like it, nod ever again.

Afoor verra long, Ah'd a bridge t' goo o'er,
Wod a slog, wi' t' gret boots an' t' kahki Ah wore,
Wen Ah geet t' other side, Ah'd t' quicken mi pace,
It worned like afoor, it wer moor like a race,
Ah'd t' ver' neer run, just t' keep up wi' t' pack,
An' aw t' time it felt Ah'd a weight o' mi back.

A bit further up t' rooad, just ahead, wer a pad,
So off Ah went dahn it, an' Ah've allus bin glad,
Caus it led mi t' t' Church, weer Ah went t' get wed,
Weer mi feet traipsed thersel, ther wer two pair i' sted.
Wi didn't mek a gret speed, but ne'er did wi wander,
Wi just paddled along like a goose an' a gander.

In no time at aw, wi'd 'atched four tiny goslin's,
Three little geese an' a gander soon follerin',
Ah 'ed t' goo aht, scrattin' an' peckin' fer food,
An 'oo plodded behind, lookin' after wer brood.
Tho' wi' 'edn't a lot, we med t' best o' things,'
An' 'oo kept 'em aw warm, safe under 'er wings.

It didn't seem long, 'foor Ah wer gooin' dahn t' pad,
That led t' th' Church weer Ah'd wed as a lad,
This time o' mi arm, an' me bustin' wi' pride,
Wer one o' mi dowters that wer t' beautiful bride,
An' me an' 'er mam wetched, an' thowt wod wi'd done,
An 'ow far wi'd travelled, sin' are time 'ed gone.

It didn't seem long, 'foor Ah wer back theer agen,
Tekkin' t' next dowter weer t' other 'en 'ad bin,
An' Ah couldn't 'elp thinkin', i' mi top 'at an' tails,
Abaht mi owd granma. an' 'er owd clogs an' shawls,
An' then at t' reception, t' wine went t' mi 'ead,
An' Ah med 'em aw laugh, wi' t' speech that Ah med.

But that wer a wile back, an' wi've come a gret way,
Sin' ah went dahn that pad t' gi' t' dowter away,
An' this rooads rougher, an' it badly wants mendin',
An' trudgin' it's 'arder, an' Ah'm fain as it's endin',
But wi 'ev t' keep gooin', n' matter 'ow rough,
Till t' Good Lord sez, *"Reet lad, tha's gone far enough"*.

Nah, ah dorned want ye t' cry fer me wen Ah'm gone,
If, like o' mi birthday, ye might 'appen think on,
'Er 'appen, i' t' Church, wen yer prayin' some time,
Ye might 'appen mention mi thanks in a line,
Fer t' Grace wod God gi' mi, an' wod med mi reet glad,
'Ee fon mi yer mum, an' 'Ee med mi yer dad.

Eaur Weshahse Winda' Plant
by Michael May (Bamber Bridge)

I' eaur owd glass weshahse,
Thad i' summer gets boilin' 'ot,
Wey've geet a reet big cyclamen,
O't'winda' bottom, i' a pot.
Ah think it must like livin' theer,
Its getten o'er three yeer owd,
Fer t'weshahse, boilin' 'ot i' summer,
I' winter 's freezin' cowd!

Ther's an art i' raisin' cyclamens,
Ah've bin towd bi them as know.
But n'matter wod wi do t'eaurs,
It just seems t'grow an' grow,
Wey've dun nowt reet, it shud a' deed,
Accooardin' t' aw t'books,
Bud them gardners as es written 'em,
Wants t'see 'ow nice eaurs looks.

I' summer wen its scorchin' 'ot,
Its leeaves just seems t'melt,
An' drape thersels o'er t'side o't'pot,
Like paint as 'es bin spilt,
Bud then as it gets cooler,
Wen its gettin' on toort neet,
Thi seems t'wakken thersels up,
An' grow up ageean, reet streyt.

Its getten o'er two foot across,
Wi forty blooms abaht,
O'mauvey petals on each stem,
Its bonny, baht a daht,
Ther funny wen ye look at 'em,
An' gi' 'em a reet good scen,
As if ther 'anging' inside aht,
Er 'appen upside dahn.

Cyclamens 'even't getten a smell,
Tho' ther bonny to look at,
Ther leaves're a bit geranium-like,
As if t'green 'es just bin splat.
A cowdish, dampish, darkish place,
Is weer ther proper ment,
An Ah'm fain eaurs 'esen't getten a smell,
Er wi mut a'bin gassed wi't'scent.

It lasts frae Christmas t' mi birthday,
Which is April twenty fourth,
Wey've 'ed sum as wants t'buy it,
As 'es asked us wod its worth,
Bud wi towd 'em as its nod fer sale,
Soa its value doesn't matter,
It con live theer like it allus 'es,
An' wey'll keep on givin it watter.

Own'y a Brick i't'Wauhw
by Michael May (Bamber Bridge)

Ah thowt, lookin' dahn weer ee'd bin laid t'rest,
As t'years don't mek memory dim,
Ah hoped as ee'd think that Ah'd done mi best,
An' wer 'appen, i' some ways, like 'im.

Nowt's writ on 'is grave but 'is name an' a date,
Ee'd bi t'fost as 'ed want ye t'know,
That ee'd ne'er done nowt famous, er wod ye'd caw great,
— Ee wer own'y a brick i't'wauhw.

Ee'd say, "Thers bin them as 'es getten thersel on,
Bowt 'eawses, er med thersel brass,
But Ah wer own'y a family mon,
As looked after t'kids an' th'owd lass."

"Ah wer mowdin' i't'War, an' wey warn't cawed up,
Wey 'ed t'work, day an' neet,
Mekkin' castin's fer tanks, an' casin's fer bombs,
T'let them as could goo an' feight."

"Corse, its fergetten abaht nah, its bin that long sin',
Soa Ah ses nowt abaht it ataw,
If Ah oppened mi gob, thi'd not tek no gawm,
— Ah wer own'y a brick i't'wauhw."

'Is mates used t'say, "Ee's a brick, is owd Bill,"
An' Ah knew just wod thi ment.
If is wauhw were aw bricks as wer aw t'same as 'im,
Ah'd fain bi a bit o't'cement.

Nah, 'is kids 'ev long wed, an' 'is missus long deed,
But Ah thinks on 'im many a neet,
If thi'v growed up like 'im, thi'v not tekken no 'arm,
Thi'll bi growin' up gradely an' streight.

Ee's bin deead a gret wile, above twenty year,
An' 'is owd mates 'ev aw gone anaw,
If they wer aw bricks like ee wor 'issel,
By gum! That wer some wauhw!

Ah ask i' mi prayers, to t'Good Lord above,
That Ee's oppened 'Is doors to 'em aw,
An' rewarded 'em aw wi' 'Is blessin's an' love,
As key bricks, in 'Is 'Eavenly Wauhw.

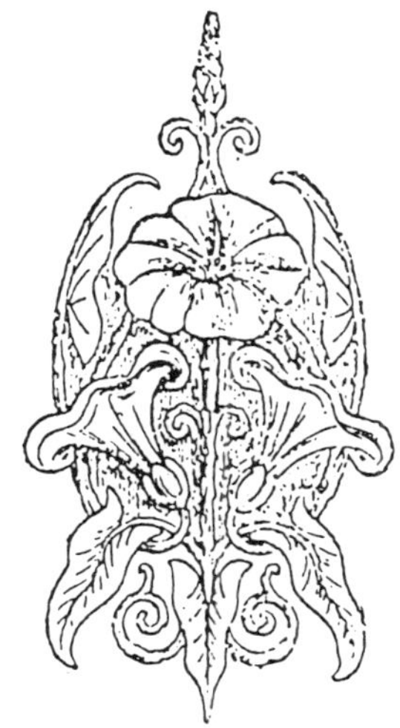

Amos Bradshaw's Funeral
by Michael May (Bamber Bridge)

Owd Amos Bradshaw wer bowlin' at t'club. Ee'd geet seventeen 'is mate ten,
Wen aw of a sudden ee collapsed onto t'grass. Ee thowt, "Its mi colic agen".
Ee picked 'issel up an' ee said to 'is mate, "Thee wait 'ere, Ah'll bi nobbut a wink,
Ah've some pills i' mi cooat, so Ah'll tek one, just as soon as Ah get mi a drink".

Nah, t'club steward wer reet conscientious, 'is bar wer like new polished brass,
An' t' facilitate cleanin' an optic, ee'd poured t'vodka into a pint glass.
Owd Amos come in, wi' 'is pill in 'is 'and, an' si this full glass o't'bar top,
Ee thowt, "Thad'll duh me", put 'is pill in 'is mahth, an' swillocked it, dahn to t' last drop.

Ee'd n'moor took a step than ee fell like a log, 'is eyes rowled reet back in 'is 'ead,
A lad, playin' snooker, come o'er t'look, an' said "Ah think this mon's dead"!
Amos went for four days, baht movin' a muscle, then t'Doc said, "Ther's no signs o' life",
So 'is mates geet together, in a bit of a tussle, an' thi thowt abaht t'grave weer ee'd lie.

Thi thowt ee should 'ev a good send off, wi music, an' t'flag at 'alf mast,
Then after, thi'd aw 'ev a booze up, an' remember owd Amos an' t'past.
At last came the day of interment, an' thi aw walked to t'church behind t'band,
Weerin' medals, an' best suits an' blazers, an' t'cortege looked reet sombre an' grand.

Thi aw went i' t'church, an' geet sooarted aht, an' set thersels dahn o' ther seats,
Wen t'Parson come aht onto th'altar, to say a few words o'er t'deceased.
But owd Ezra Bradley 'ad bin on the beer, an' broke wind wi' a trumpeting blast,
An' th'organist thowt it wer t'signal to start, an' proceeded to give of 'is best!

Thi couldn't 'ear t'Parson fer t'music, tho' t'poor mon wer tryin' t' shaht
Thi knew ee wer on abaht summat, thi could aw see 'is gob move abaht!
Then th'organ an' t'Parson booath stopped at once, an' silence wer deep an' profahnd,
An' befoor thi could coff er shuffel ther feet, thi aw 'eard a lahd knockin' sahnd.

It seeamed t' bi coomin' frae t'coffin, which wer stuck up at t'front on a bier,
It woke th'undertekker, who wer just dozin' off, ee thowt "Owd on! Summat's up 'ere".
Ee squeaked dahn t' t'front in 'is burial shoes, long tail cooat, top 'at an' all,
An' quickly commenced to remove aw ut t'screws, wi' a screwdriver frae 'is coat tail.

Wen thi lifted t'lid off, up popped Amos, 'is face it wer purple wi' rage,
Ee shahted, "Ye gobshiets an' crate-eggs, Ah've not getten deead, its mi age!"
T'service broke up in a quandry, well, this created a loose end er two!
Ezra shahted, "Ah've an idea, lets aw guh t' t'funeral do!"

So thi aw traipsed i' t'club, just rahnd t'corner, owd Amos i' nowt but 'is shrahd,
But wen ee si t'spread that thi'd laid eawt fer 'im, ee felt proper gradely an' prahd.
Wen thi'd aw geet ther pints an' 'am butties, sumbody asked wod ee thowt 'ed bin t'matter,
Amos said ee didn't think it wer t'pill 'ed done this, ee thowt it wer that glass o' watter.

Beatin' 'eart
by Michael May (Bamber Bridge)

Ah've getten owder, nah, lass,
An' nod like Ah used t'be,
But mi 'eart's still strongly beatin',
An' its beatin' just fer thee.

Wey've bin wed a gret wile, nah, lass,
An' wey've bin 'appy, thee an' me,
An' Ah 'ope mi 'eart keeps beatin',
Caus its beatin just fer thee.

T'years 'ev caught thee, too, lass,
An' put grey weear t'black wud be,
But tha' still quickens mi 'eart beatin',
Tha' knows its beatin' just fer thee.

Sometime wey'll 'ev to part, lass,
Then ther'll be just thee er me,
But as long as mi 'eart's beatin',
Its o'ny beatin' just fer thee.

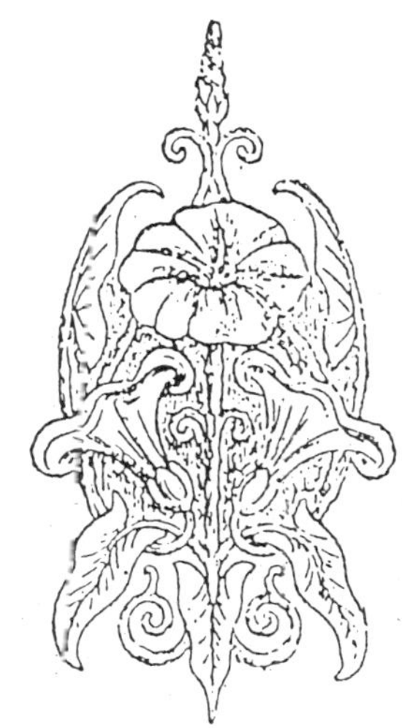

Yon Bukutt
by Jennifer Cowburn (Woodplumpton)

It's bin a friend fer mony a year,
An' just like me it's sin sum weear,
Papper stuffed i' ev'ry 'oil,
Set bi t'fire, full o' coil.

But o' mi own, in t'fire leet,
Yon bukutt shines wi' mem'rys breet,
It teks mi back, an' it isn't hard,
T' hear his clogs eawt theer in t'yard.

Childers voices, wild an' free,
"Ah luv yer Mum, an' whats fer t'tea?"

Yon bukutt's bin a friend in need,
Suckled cauves when t'mothers deed,
Bin eawr Dick's goa' pooast, Jenny's stoo',
Set wetchin' t'others playin' skoo'.

Mi childer's gooan, flown t' nest,
Mi husband Bill whar one o't'best,
Set bi missel on a winters neet,
Yon bukutt keeps mi mem'rys breet.

It's full o' 'oils, it's getten owd,
But woth mooar t' me thon ony gowd.

Knockin' Fifty
by Jennifer Cowburn (Woodplumpton)

Grey hairs o' mi heead
Bags beneath mi eyes,
An' when Ah say Ah'm forty two,
Fowk know Ah'm tellin' lies.
Fifty creeps up quiet like,
An' then it meks a grab.
An' long afooar yo' know it,
Yer feytin' off t' flab.

Ah've ne'er hed t' slim afooar,
Ah cud eyt owt as whar on t'table,
But neaw Ah'd pay a hundred quid,
Fer owt wi' twelve on t'label,
An' mi husband only meks things woss,
He's n' help at aw,
He doesn't say, "tha's gettin' fat."
He sez "thi heyd luks smaw."

An' what abeawt t' pretty face,
Fer which my Herbert fell?,
Ah don't hev crows feet rahnd mi eyes,
— Ah hev t' nest as well,
But Ah'll try an' lose sum weight,
An' hev mi grey hairs tinted blue,
Then wi' a bit o' luk,
Ah'll pass fer forty two.

"Tha does luk forty two" Bert sed,
Ah thowt bi eck he's getten wise,
"But Ah didn't mean thi age owd lass,
Ah whar thinkin o' thi size".

Warkin' Fer T'Caenty
by Jennifer Cowburn (Woodplumpton)

Ah hevn't hed a proper job,
Fer twenty year er mooar,
An' Ah ne'er wud o' tried fer yon,
If Ah'd known aw this affoar.

They want t' know if Ah've bin sick,
Mi hite, an' weight an such,
They want t' know if Ah've geet spots,
They want t' know too much.

They want t' know what jobs Ah've hed,
Just wheer an' when Ah've bin,
They want t' know if Ah've done time,
Er ony other sin.

Neaw sum o't'things they ax mek sense,
An' proper thet may be,
But what Ah want t' know is this,
Ar them lot fit fer me?

Mi Mooerlond Church
by Ron Williams (Greenfield)

Ah walk op t' quiet pathway, ut leads opon tuh t' mooer,
A tothri hundredt yards fro' whoam ast bi aloan fer sure,
T'peat bineath mi feet is soft, mi 'eart is leet un free,
Th' air is fresh, mi currs aw gone, un peace is 'ere wi' me.
Ah note aw t'colours opon th'ills. purples, breawn un t' green,
Yet this cowd bleak deserted place is still a gradely scene.
T' wynt is blowin' i mi face uz throo' t' lung grass Ah tread
Un Ah glance ut Grenfilt deawn below, each time Ah turn mi yed.
Soh monny times Ah've sin this view, mich beauty un quaint charms
Jus' nessledt deawn i' t' valley like a babby wrapped i' arms.
Ah catch t' fragrance o' yon wynt, un sniff th' earthy peat
T' bracken un yon fronded ferns, crumple bineath mi feet,
Un noh matther wheer Ah wander, un regardless what Ah see
Ah feel t' presence o' mi Lourd — He seems soh close toh me.
My God is nooan t'villagers' God, wheer church thi' ave toh goo
Aw dhressed op i' Sundy best, fert chapel ur t'Sundy skoo.
Ah dunnot respond toh t' chimes o' bells, Ah howd mi church op 'ere
It matthers noan t' time, ur t' day, fer Ah 'ave noh priest toh fear.
Ah wander on i' solitude — wheer nature rich abeawnds,
Ah yer t' sermon o' mi' God i' aw ut country seawnds.
T' ripplin' o' yon meawntin streom, t' rustlin' o' t' briar,
T' deep 'arsh croakin o' t' red grouse, togither they'n mi choir.
Un fer a pew, ah sattle deawn opon a clump o' ling,
Un fer mi congregation Ah've flora, fur un wing.
Ah live mi loife uz Ah think fit, mi principles ur strung
Noh clergymon ned tell mi, whats reyt un what is wrung.
Noh other place like this exists, its whoam, un church un joy,
Ah've thrilled toh walk alung it' tracks, ere sin Ah were a boy.
Un 'ere Ah'll roam till mi days ur done, wheer mi 'eart ull allus sing,
It's wheer aloan, Ah meet mi God, knee deep i' bonny ling!

Grenfilt Thro' T' Seasons
by Ron Williams (Greenfield)

When t' Springtoime dawns i' t' village
Un theers a fragrence opon t' breeze,
Un t' sunleet shines o' Grenfilt
'Cross 'er medders un 'er leas,
When t'buds un t' blooms ur wakkenin'
On t' fleawers, plants un t' threes,
'Er beauty beckons back agen
Yon brids fro' ovverseas.
T'stalls goo op fer t'Road End Fair,
To mak' sur it nivver dees,
Ther'll bi oilcloth un 'ardware
Un whoam med jams un cheese
T' brass bands ur 'ard ut practice,
They'n t' Wissendy crowds to please,
Aye, Springtoime 'ere i' Grenfilt
Puts village 'earts ut ease.

* * *

When Grenfilt basks i' t' summer sun
Un t' fishermen sit bi' t' pond,
Un t' wayther i' t' Chew Valley
Sparkles crystal clear un grond,
When t' mooers ur rich i' colour,
Un th' 'ay ripens opon t' lond,
Bonny Grenfilts i' full glory,
Blest bi' t' Lourd's fair 'ond.
Wi dunnot need un exodus
To t' seaside teawns un t' sond,
Fer wiv beer walks un festivals
Un events o' which foak ur fond,
Un' to see agen yon rushcart
Is a seet ut's rare un grond
When t' local foak, line t' local streets
Wi' thoose fro' miles beyond.

* * *

Aye, it should be Royal Grenfilt
When Autumn blows i' t' fowd,
Fer t'mooers are resplendant purple
Un t' threes ur burnished gowd,
Crisp dried leaoves twist un twirl
Uz t' wynts becom' mooer bowd,
Un t' view fro' Alphins summit
Is a rare seet toh behowd.
Autumn's also th' arvest toime
Wheer t' churches ur weel endowed,
Un th' autumn fairs ur i' full swing
Fer mich is browt un sowd,
It's bunfeer toime fer t'childher
Un no matther what they'n towd,
Thi' goo 'cob-coallin', dooer-to-dooer,
Just as i' days of owd.

* * *

Could Heaven bi a fairer place
Nor Grenfilt deep in t' snow?
When winter's wild i' th' 'illsides
Un t' Northern wynts do blow,
Wunce Nature rules t' highways
Un t' thraffic connut flow,
Beneath 'er crisp white carpet
Hoo sets yer 'eart aglow.
Un if a mon's nowt in 'is pocket
Un 'is spirit's deawn un low,
Its toime to geet hissel wrapped op
Un t' best foot forrad show,
Fert mon ut conquers Alderman
Aw 'is problems should seem smo'
Fer thirs men ud part wi 'addled brass
Fert view yon scene below.

Th'Harvest Whoam

by Joan Pomfret (Great Harwood)

Eh dearie me, when id's t'neet afore th'Harvest
We gather at t'charch-gate as brisk as con be
Wi' scissors an' ladders an' asters an' onions —
We decorate grand! But we corn'd o' agree!

"Ah've allus t'steps to do! Corn'd Ah do t'lectern?
T'vicar's wife allus does t'font—it's nod fair!
Picked 'uns an' t'piked 'uns are messin' wi't'winders!
Tha's tekken mi scissors! Ah've noa time to spare!"

But **somebody**'s got to cleyn t'carrots an't'turnips!
An' **somebody**'s got to wipe th'apples an't'plums!
We corn'd **aw** be makin' an eye-sore o't'Pulpit,
Or spreadin' wersels wi t'chrysanthemums!

An' really! Considerin' we're Christian 'Elpers
We seawnd more like contrary childer toneet —
But **somebody's** got to stert polishin' t'jam-jars
An' pickin' up t'cornstalks an' seein aw's reet!

An' theer—when id's Sunday, an't'church is i' order,
An' bells ring eawt shrilly to co' them as rooam —
We's aw sing together, aw preawd an' excited
To think as Eawr Mothers hev browt t'Harvest Whoam!

Mi Grondad's Weather Book
by Joan Pomfret (Great Harwood)

Mi grondad farmed fer fifty year
An' mony a time he'd look
At t' faded ink i' t' pages of
His little 'Weather Book'.

He wrote i' careful copper-plate
O' t' weather-signs he knew
An' wod they meant — an'even yet
They're nearly allus true.

Mi grondad's farm wor deawn on t' Moss,
An' warkin' theer he'd see
T'new moon wi'th'owd moon in id arms,
Or frost on th'apple tree,
An' forecast t'weather — th' neighbours swore
He dealt wi th' Evil One!
(Fer years th'owd mon got in his hay
Afore t'breet days wor done.)

He checked on t'stars an' t'tides i't'bay,
An't'geese i' t'sunset-glow;
When t'weather looked like bein' fair
An' when to wetch fer snow —
He knew 'at morning' skies o' red
Meant rain — an' frost on t'thorn
'At grew aside o't'duck-pond wall
Browt bitter gales tomorn.

Mi Grondad's led i'th'owd church-yard
This sixty year or so —
But ov a neet fooak still drop in
Wi' wod they want to know;
While t'wireless chutters to idsel
I' th'empty chimbleynook
Ah tells 'em t'forecast just as well
Fro Grondad's little book!

Other Folks' Childer
by Joan Pomfret (Great Harwood)

They're other folks' childer ...
They come an' they go,
Mi dooar an' mi heart's allus oppen, an' though
Ah grumble sometimes when they're under mi feet
Ah miss 'em a deal when they leove me at neet.
When t'mothers sheawt 'Johnny!' or 'Lizzie!' or 'Fred!'
An' rushin' deawn t'ginnel they're oaf whoam to bed.
Ah'm left bi misel then wi t'cat ... cose yo see
They're other folks' childer
They corn'd stay with me.

They come in fer butties
An' humbugs an' toys;
They tell me their thrubbles an' bring me their joys,
An' sometimes Ah bandage a finger or knee
An' sing 'em th'owd songs as mi Mam sang to me.
They aw but live 'ere ... an' it runs i' mi yed
Some neets, as aw t'lot on 'em's tucked up i' bed
Upstairs theer! ... But then, as Ah lock t'dooar Ah know
They're other folks' childer,
They come ... an' they go.

Sing Lads Fer Me
by Joan Pomfret (Great Harwood)

Of course there's Music up aboon!
T'parson, 'E sez to me —
Ther's scores ov angels singin' hymns
Bi t'shores o' t' glassy sea!
Ther's trumpeters, an' ivery mak'
O' flute an' harp an' lyre!
But, as Ah sed, wi aw respect,
Yon's noan **my** sooart o' choir!

Ah'm used to singin' wi mi friends
I' t'big top room at t'Schoo —
We practise theer o' Tuesda' neets
Eawr music, owd an' new.
We sing id o'er and o'er agen
Wi laughter an' good cheer,
Afore we cross to t'Tanners Arms
An' goo on singin' theer!

An' mony a place we've travelled to,
To concerts large an' sma',
I' summer heat an' winther's cowd,
An' snow an' ice an' o'!
Id's meant a deol to me, id hes,
Eawr felloship an' fun —
An' nobdi's sorrier nor me
As aw them trips is done!

Nay — deein' doesna fritten me,
Ah'm weary, Ah mun rest;
But eh!, Ah'm beawn to miss yo, lads,
An' 'ere's mi last request!
Neaw then! Tek heed theer! Bill an' Jack,
Davy an' Ted an' John!
Instid o' sayin' t'usual things,
SING fer me when Ah'm gone!

Sing 'Steal Away', an' 'Catlike Tread'
An' 'Devon, Glorious Devon',
An' 'Some Enchanted Evening' — Nay,
There's nowt like **them** i' Heaven!
Ah reckon nowt o' th'Angel Bands
As Parson sez ther'll be —
Cowd daggly wimmen pluckin' Harps
Ull ne'er do nowt fer me!

So — when yo've sin me put i't'plot —
Get t'Baton raised! An' then
Brast oaf wi' summat loud an' wick
So's Ah con smile agen!
We's go no more 'A Rovin'' lads,
Thad's t'way id's beawn to be,
But no lung faces! Ah's be oaf,
An' yo'll sing on fer me!

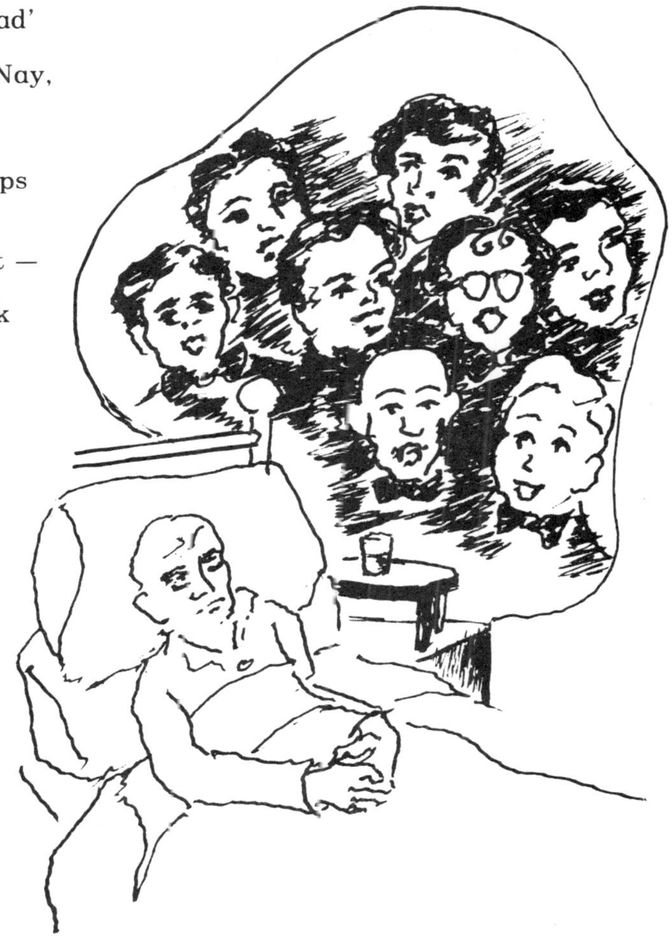

Ceawer Thi Deawn!
by Lowell Dobbs (Newton Heath, Manchester)

Neaw when yo' come to eawr meetin's,
  Full of poets of greight reneawn —
One thing we'll allus tell thi:
  Yo're welcome, ceawer thi deawn!

Hutch up an' han a listen
  To some grand owd Lanky' rhymes;
An' yor een 'ull fairly glisten
  Wi' tales of owden times.

We'll shed a tear fer eawr kinfolk,
  An' praise 'em neaw an' then,
We'll marlock, an' we'll crack a joke —
  But only if it's clen.

We'll han some local history too,
  Or a gradely tale impart;
An' we'll warble songs to poo yo' throo,
  An' cheer yor warchin' heart.

Whene'er eawr members stond to spout
  In eawr jannock Lanky' tung;
Theer's sayin's an' words we corn't do bowt,
  Like jow, an' pow, an' thrung.

Eawr dialect's a language of its own,
  It brasts eawr hearts wi' pride;
It's eawr heritage, it's whoam-grown,
  It's the SOUL of us inside.

Theer's noather lad nor lassy 'ere
  Ut shines in their own leet;
'Cose we're Lanky' folk, an' we revere
  A thing at's gradely reet.

Of course, we like to swank a bit,
  We'n yeps o' talent 'ere;
Just tak' a sken at what we'n writ:
  We're th' best in Lankysheer!

So come alung an' enjoy yorsel',
  Grab a cheor, an' dunno freawn,
Yo'll mak' a rook o' pals as weel,
  Yo're welcome, ceawer thi deawn!

Owd Clinker's Gowd
by Lowell Dobbs (Newton Heath, Manchester)

Owd Clinker wer a teet-neaved chap,
He'd sell yo' owt fer brass;
An', tho' the goods were nobbut scrap
He'd olez say "fust class".

One day he sowd his cellar grid,
He'd getten t' "Midas Touch";
Fer when deawn th' hoyle fell some owd brid
He sowd pooer mon a crutch.

He sowd rusty pons beawt hondles on,
A tay pot beawt it lid;
An' a keyless pianner to a simpleton
He sowd fer tothri quid.

He sowd a kist o' drawers an' a bed,
An' a settle from the tip;
"Foive bob apiece", Owd Clinker sed,
By gum, theer's warkmonship!"

He sowd a trombone clen us a pin,
Ee, what a quare to-do;
He'd fun it in his naybour's bin,
An' sowd it back as "new".

But one neet as Owd Clinker were on a spree,
Two robbers big an' bowd;
Crope into his cot — rubbin' honds wi' glee —
To steyl Owd Clinker's gowd.

He'd hudden it up the chimbley wo',
Neath flure-boards an' flags;
But the fause robbers had fun it o'
In tins an' papper bags.

Just afore he deed from losin' his gowd,
A mon no lunger rich; —
He sed he wer surry fer t' things he sowd,
An' chargin' foak too mich.

Owd Clinker mun ha' prayed reet well,
It wer his savin' boon;
Fer i'stead o' gooin' deawn to "Hell",
He went to t' shop aboon.

But tho' Owd Clinker's getten wings,
He's still on t' gowden job;
He's sellin' harps beawt ony strings,
An' halos, two a bob!

When He's Awreet
by Mary Grimshaw ("Tommy's Lass") (Leigh)

His brains wern't allus in his feet,
A lovely lad - when he's aw reet.

What con Ah do wi one so daft?
So full of arts an full o craft,
Just seventeen, an sniffin' glue,
Although he's tried Ah'll give him due,
Ah've talked to him as Mothers do.
Sometimes Ah think Ah'm winnin thro,
He's nowt to wear, ther aw so rough,
Glue waant come eaut wi' t'washin' stuff,
Ah cawnt believe yon lad is mine,
He's changed so much fro bein' fine,
He's oather laughin fit to bust,
Er scrykin' for it seems he must.
Ah cawnt goo on - not bi missel.
Ah need some help somdy to tell,
Wi've p'rap's bin an eaur own too lung,
Is it me? - did Ah goo wrung?
Wheer uh wheer went pride an joy.
Truth an love once in a boy,
God knows his walkin' to his grave,
At seventeen to glue a slave.
He's like a zombie in a sleep
Ah cawnt get through it goes so deep,
Ah've pooed his hair an slapped his yed
But when he's sleepin' in his bed,
Ah only want to stroke his face
For underneath Ah know there's grace.
If onlv someone made him see,
Oh Dearest Lord let it be Thee
He's th'only lad Ah have to love
Dear Lord DON'T TEK HIM UP ABOVE.

His brains wern't allus in his feet
A lovely lad - when he's awreet.

Progress Palace
by Mary Grimshaw ("Tommy's Lass") (Leigh)

When Emma Jones lived in eaur street,
Her place were allus trim an neat
A little cot at th'end o't' lone,
Two up - two down stood all alone.
No mod-cons, twer cowd as clay
In an era known as "Yesterday".

Yon little place still stondin' theer
Owd Emma ne'er would know ah fear,
Refurbished til it seems bran new
If only Em could come an' view.
Her kitchen dolled up to a tee,
An Oh! the wonders hoo would see,
Pine units lendin' airs an' grace,
Ah'd love to see owd Emma's face
If thro yon cottage her might goo
To see what modern age con do.
No moore draughts, 'tis warm as toast
An if hoo comes back as a ghost
Hoo'll wish an' wish its wondrous thrills
Were theer when't th' heause were hers,
— BEAUT BILLS.

Levvin' Whoam
by Eric Holt (Westhoughton)

Theaw sez theaw'rt levvin' whoam, lass,
Ah yerd thi, fust time reawnd,
Theaw wants mi tell thi mother,
Theaw'rt feared to - Ah'll be beawnd.

It's no use tryin' ter tell mi
Aw th'ins an eawts an' why,
Ah'll nar tek in thi reasuns,
An' wot's mooar, Ah'll noan try.

Theaw's allus bin looked afther
Wi' cloas an' meyt an' brass,
Ah durn't think uz wi've speylt thi,
An' wi allus luvved thi, lass.

Ah know yung brids get restless,
An' seek ter fly fro' t'nest,
Sumtimes they're thrutched up, badly,
An' breykin' eawt's fer t'best.

But, theaw's 'ad aw theaw's wanted,
Ne'er needed t'feight fer space,
Settin' up 'ere to suit thissen,
Ne'er fearin' fer thi place.

Tha knows wi're beawnd ter miss thi,
Theaw'll noan begrudge uz that,
Wi're not a theawsund mile awf,
So, caw in fer a chat.

Theaw moant goo short o' nowt, neaw,
'Cos tho' mi pockits leet
Ah'll scrat a peawnd er two, lass,
Ter set thi on thi feet.

Tha'll mek thi own mistakes, aye,
But dunnot aim too 'eigh,
An' if theaw fancies comin whoam,
Lass, - tek this frunt dooar keigh!

Singer Jack
by Eric Holt (Westhoughton)

Owd Jack's a singer. ov that there's no deawt,
An' 'is songs'll last lunger than 'im.
Ne'er bothers wi' music, 'ee's better awf beawt,
Sez Jack, still sprightly an' slim.

Tho' pushin' on eighty 'is pipes er as clear
As thi were when fust in 'is prime,
'Ee'd sing eawt sum ballids, an' foak as ud 'ear
Fergeet wurries, trubles, an' time.

'Ee sings songs as tell ov when times were bad,
When King Cotton were deawn on 'is knees.
'Eee knows twothri love songs, wisfu' an' sad,
An' comic songs, sure to please.

Not just fer th'owd 'un's 'is songs er a treat,
Even young kids sit back when 'ee starts,
Wi' 'is e'en shut tight, toes tappin' a beat,
Songs reychin' deep i' their 'earts.

There's noan monny like 'im, one thing's fer sure,
When 'ee's gone they'll past last un in t'box.
Owd Jack's rich i' talent, tho' pockit poor,
'Onest fro' grey thatch ter t'socks.

So keep singin'. Jack, we'll lissen as lung
As tha charms us wi' tunes, sweet an' low,
Till th'angels conductor sez, *Jack, lad, weel done!*
Tek thi place - theer - in t'front row!"

If Ah Cud
by Eric Holt (Westhoughton)

If Ah cud sing, Ah'd sing thi songs
Wi' words ter tell thi, lass,
Eaw much theaw's bin ter me aw t'yers
As thee an' me's sin pass.

If Ah cud write, ee, by the mon!
Ah'd show thi, Ah'll bi beawnd,
Bill Shakespeare an' yon Byron lad
Wud cum eawt, nowt a peawnd!

If Ah cud speyk, this tungue-teed foo',
Ah'd whisper i' thi ear
Sich poems ter mek thi lowf wi' joy,
Er sniff, an' sheed a tear.

If Ah cud paint, then wot a seet
Theaw'd see on t'canvas, framed,
Thi likeness, feyshunned wi' sich style,
Owd Nature ud bi shamed.

If Ah cud play sum insthriment,
Pianner, fiddle, flute,
Ah'd feckle tunes theaw likes to 'ear,
Wi' owny thee ter suit.

If Ah cud beigh thi owt theaw wants,
Wi' ne'er a thowt o' t'price,
Theaw'd live i' style, a gradely queen,
But lukkin' twice as nice.

But Ah corn't play, ner write, ner sing,
Er tawk wi' words, so fine,
But 'ere's a 'eart, uz big uz t'world,
So tek it, lass - it's thine!

Back At Wark
by Ken Hill (Rochdale)

Cheer up mi lads; its noan so bad
Neaw we're o' back at wark,
Yer've bin ter Spain or Italy
Or mebe walked in t' park;
Played fun an' games on furrin' sonds
And geet your courtin' done.
Or like as not yer stayed a' whoam
An' seeched i' vain fer t' sun.
But neaw its o'er Ah bet yer glad
Ter be wi o' yer mates;
Yer'll have ter earn yer corn agen
Ter help ter pay fer t' rates.
So doan't despair, geet stuck in t' job,
An' sooner than yer think,
Yer'll be on holiday agen;
Or weshin' t' pots in t' sink.

Ratchda's Treasure Shop
by Ken Hill (Rochdale)

Owd Morris's shop wor a treasure
An' full up wi aw sorts o' things,
Like tay-pots, an' kettles, an' brushes,
An' curtain rods complete wi rings.
A basket for one an' a tanner,
Or black-lead to do up yur grate;
A hinge or a rasp or a spanner,
A lock an' a bolt for yur gate.
A mantle or two fur yur "tilly",
Some owd leather belt for yur shoon;
A last an' a hommer to mend wi',
A knife or a fork or a spoon.
A candle to put in yo' saucer;
A thingy to put under t' bed;
Some tongs for to mak yur hair wavy,
An' curlers to put in yo' yed.
A tin mug an' plate fro' the Army,
A poker to push into t' coal;
An' all maks o' different concoctions
To fill up all sizes o' hole.
Screwdrivers boath British an' Yankee.
Wire nettin' to do t' chicken run.
An' boxes an' tins full o' nick-nacks;
Ah've sorted through lots: it wor fun.
Owd bread crocks to keep all yo' bread in.
Flat-irons, an' some run-on gas.
They'd possers an' owd fashioned mangles,
An' all maks o' things made o' brass.
Wash-leathers, an' dusters an' graters,
"Pop" bottles to put in yo' bed;
A "peeler" for "eyein'" yo' taters.
Confetti for when you get wed.
A dolly-tub complete wi' washboard.
Egg-timers, some needles an' pins,
An' several mysterious objects
Put in "unidentified" tins.
Yo' could get rubbin'-stones for yo' doorstep.
An' ladders, boath step-ones an' long.
A birdcage; or dish for yo' doggy;
An' even a loud dinner gong.
Ther's lots o' more things Ah could mention,
O' t' shop near t' Co-op i' Toad Lane;
But now hoo's bin shifted to t' market
Ah doubt it'll ever be t' same.
Yo'll still get the same pleasant service
An' buy things they're makin' no more;
But - Ah'll miss the **feelin'** inside me
When **rootin'** in Morris's Store.

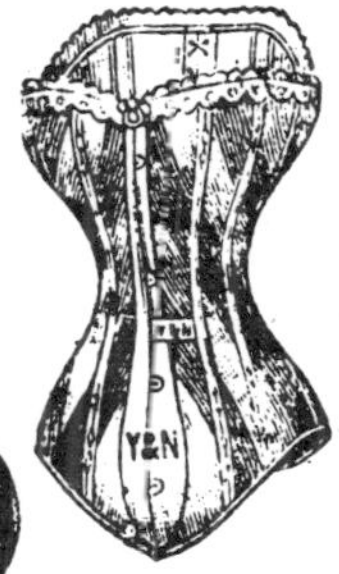

Requiem For Coppice Pit
by Trevor J. Morton (Middleton)

Ah took a walk ter see a mate, lived on this new estate
Wheer they'd central 'eated 'ouses, fitted kitchens - really great -
Tarmac roads an' garidges, gardins front an' back.
Lace curtins, telephones an' all - no 'ole fer t'nutty slack!
An' as Ah walked up Lynwood Grove wheer Birch Lane uset ter be
Ah thowt "At last - they've gorrit reet - 'tis 'ow it ought ter be!"

But then Ah got me bearin's an' Ah thowt "'Ang on a bit!
If this lot 'ere were once Birch Lane, wheer th'ell is Coppice Pit!
Wheer's t'pond Ah spent o' t'summer days an' 'alf o' t'winter too?
Wheer we'd catch a dozen roach a day - aye! - an' a carp er two?
They con tear up 'alf o' Cheshire to open th'Airport up a bit.
They con rip o' t'guts from t'City - but they durn't fill Coppice Pit!"

But they 'ad yer know - they'd filled it in - them builders an' the like
An' when Ah think o' what that place once were, well Ah could fairly skrike!
'Cos 'twere refuge theer from Mam an' Dad, from discipline an' skoo'
An' we'd catch a dozen roach a day - aye! - an' a carp er two!
Theer was dragonflies aw roun' th'edge an' we'd watch 'em fer a bit
While we knocked off fishin' an' et our bread at t'side o' Coppice Pit.

Some said as it were bottomless er else an owd mine shaft -
Ah said that there was giant pike but t'rest said Ah were daft!
Some said they 'ad caught pike theer - but we knew as that weren't true.
But we caught a dozen roach a day - aye! - an' a carp er two!
T'were theer Ah learnt o' caddis flies an' watercress an' sedge -
An' a proper gradely skoo' it were, wi' t'birds nests o' i' th' 'edge.

'Twere theer Ah caught me fust big fish - by gum it gi' me pause!
A gleamin' silver monster, a cross wi' Moby Dick an' Jaws!
Ah s'pose if Ah should see it now 't'ud not mean much ter me
Bur Ah weighed it down at Grimshaw's shop - that perch weighed one pound three!
Well Ah worked it out an' Ah foun' t'place wheer Coppice Pit once stood -
A Chinese Tek Away's theer now - Tek Away - Ah wish Ah could!
Fer though aw t'kids 'ave their bellies full - fried rice an' thirty two,
Wheer do they catch a dozen roach, much less a carp er two?
When Ah were a kid, no Chinese meals, we'd aw goo short a bit,
But they con 'ave their Egg Foo Yongs fer me - wheer th' 'ell is Coppice Pit?

All's Well ...
by Trevor J. Morton (Middleton)

Ah reckon tha'll know young Jackie Wainwright
As fettles o' t' looms up at t' mill -
Started theer as a lad, 'bout thirteen year back
An' fer o' as Ah know 'e's theer still.

Well, one day young Jackie fell fu' length i' love -
Proper moonstruck an' daft as a brush.
An' 'e 'ad ter tell someone 'ow 'appy 'e were
So 'e wen' up to 'is dad in a rush.

'E said, "Dad, Ah'm that 'appy, Ah've fallen i' love!
An Ah'll axe fer thi blessin' on t' match -
'Tis young Janie 'Olbrook - a wayver, tha knows.
'Oo's champion - a reet gradely catch!"

Well, 'is dad fust went purple an' then 'e went white,
An' then 'e collapsed on a stool.
"Tha con do better ner yon," 'e finally croacked.
"If tha weds fust lass th'art a fool."

"Do better?" cried Jack. "Well, Ah'd like fer t' know 'ow,
Fer she's bonny, a rare un an' fine.
She's t'one lass fer me an' Ah'm t' one lad fer 'er
An' Ah shan't rest while Ah've made 'er mine."

"Tha'd best set thi down, Jack, an' Ah'll tell thee a tale,
Not a story o' which Ah'm reet proud:
O' t' mill outin' ter Southpoart, 'bout twenty year back
Ah were one o' t' young lads in a crowd.

"We was drinkin' an' paddlin' an' clownin' aroun' -
To t' sand'ills each lad took a lass.
An' my lass were summat - aye, that were fact.
An' such things i' t' dunes came ter pass ...

"So Ah'm tellin' thee, lad, THEE LEAVE JANIE ALONE!"
Wi' a glare as ud fair raise a blister,
"Fer it's written i' t' Book as t' Good Lord don't like
Ony mon fer t' wed 'is own sister!"

Well, Jack screamed wi' th' pain o' 'is vanishin' dream -
Like a rabbit wot's copped bi a ferret:
An' 'e stumbled from t' room fer t' end it o' then -
Bi poison, if 'e could just gerrit.

But young lads are tough, Jack gorrover t' pain
An' fergot, like, jus' 'ow much 'e missed 'e
Till love came agen wi' a spinner ca'd Jill ...
Till 'is dad towd 'im she were 'is sister!

"Another mill outin'?" cried Jack, in a rage
As 'e swallered this next bitter pill.
"Fore Ah look ony further, tha'd 'appen best say -
'Ast tha sired the 'ole bloody mill?"

An' 'e ran out o' t' room an' banged into 'is mam,
'Oo thowt 'e'd gone out o' 'is mind.
Till 'e towd 'er t' sad tale o' 'is blighted love
An' she clutched 'im o' tender an' kind.

"Thar't a cloutyed, young Jack - tha con go wed thi Jill,
Er go back ter that Jane if the'd rather.
Tha gets reet thrutched up o'er t' silliest things -
Dost tha reckon thi dad is thi father?"

Swabby's Chimbley
by Trevor J. Morton (Middleton)

When Ah were young Ah worked at t'mill
An' Ah felt as t'world were raight
An' Swabby's chimbley stood theer proud -
It stood fer cotton's might!

From Alky 'Ill on Sundays
Two 'undred chimblies could be seen
Meanin' pride an' jobs an' famblies fed,
An' Swabby's - it were t'queen!

Ah've drawn me dole nigh on three year
An' Ah've watched o'er t'death o't' town -
Yon shoppin' centre's gooin' up -
But that chimbley's comin' down!

As a lad Ah strugglet fer t'mek ends meet
An' worked 'ard fer each 'alf crown.
Now its thirty quid fer doin' nowt
But watch t'chimbley comin' down!

Our young un's getten 'issen a job
An' a grand un Ah'll be bound -
'E's fairly gooin' up in t'world
While t'chimbley's comin' down!

'E buys shirts from furrin parts
Fer t'sell ter t'shops aw round
An' 'e thinks Ah'm mad fer Ah towd 'im
It were 'im knocked t'chimbley down!

T' Spadger's Visit
by Josephine Iddon (Walmer Bridge)

Ah were fain as t' cat were asleep bi t' feigher,
When a spadger flew into t' room,
'T were nobbut a babby, fresh fer t' neest,
Ah corned say fer wheer id coom.

Frikkened to deeath id looked when id let,
Soa, Ah oppened mi back dor wide,
Still, Ah couldn't persuade id to leeav,
No mat-ther however Ah tried.

Id took up an' crashed into t' winda pane,
Wi' a thump id landed on t' sill,
Theer, Ah thowt, neaw ids killed idsell,
'T were warm i' mi hands, so still.

As Ah carried id into t' back garden,
Ah scriked, an Ah prayed a bit too,
"If a spadger should fal', tha'd know" He said,
When t' brid Ah thowt deead up an' flew.

Ah hearken'd id singin' ids thanks to mi,
An' sooarin' heigher an' heigher,
Ah were fain id call'd on mi that day
While t' cat were sleepin' bi t' feigher.

T' Char ...
by Josephine Iddon (Walmer Bridge)

Ah'm t' char, Ah give gret satisfaction,
But gossipin's nowt i' my line,
Wod Ah see an' hear, Ah keep to missel,
It's other folks business not mine.

Ah get on wi' mi work in a mornin'
Mi windas especially Ah shine,
An there's some quare things gooin' on outside,
But still - its no business o' mine.

There's funny folk livin' down eawr road,
Ah meean funny quare not "ha ha",
They're never at hooam when t' rent fella calls,
They're gaddin' off aw "la di da".

Her across, oo plays 'Bridge' of a Satda,
Oos mooar likely shoutin' a line,
Oos been seen down t' town playin' Bingo
Still - its her business not mine.

Na, on Satda when Ah were out shoppin'
Ah heeard it on t' local grapevine,
As next dooars evvin' a lodger,
But still - its no business o' mine.

They're bahn to be livin' in t' perlour,
He'll nod ev to mind wod he eyts,
Wi' t' husband on t' neet shift, an t' walls not so thick,
Ah'se hear if they ev any feights.

There's that Mrs Moores at th' end of eawr looan,
Yo' should see wood oo hangs on t' line,
Moores is her name, an' mooars wod ool ev,
But still - its her business not mine.

One next to her es a ginger Tom,
He's out every neet on t' tiles,
He's supposed to ev ed that operation,
But there's ginger kittens fer miles.

They like to tell me oos not gracely reet,
Oo talks to hersell, its a sign,
But oo misses nowt as goes down eawr road,
Oo minds aw your business an' mine.

Ah can see in that gap between th' houses
They've built a new posh bungalow,
An' Oo does get some gentleman callers.
Ah've seen 'em all - Ah should know.

Oo says they sell vacuum cleaners,
Ah counted last week, there were nine ...
An' nooan on 'em ed any parcels ...
But then - it's no business o' mine.

But Ah'll watch fer 'em callin' at eawr house,
Ah'm ready to give 'em the push,
They'll not sell me a vacuum cleaner,
Ah'm a char ... Ah'll stick to mi brush.

Gooin' t' Southpooart
by Josephine Iddon (Walmer Bridge)

Mi Dad's bahn to teck us to Southpooart,
Their fleawr shows just started today,
Mi Mam says 'oos getten a ticket
An' packed us some butties fer t' tay.

Oo wants to goo an look round t' rock gardens
But Ah'm keepin' owd o Dad's hand,
Ah know how it were wi him last year,
When he went a listenin' to t' band.

We hearkened to two or three pieces,
He axed us to wait for him theer
While he looked round t' tent showin' honey
We found him i' one sellin' beer.

We went to a stall full o' roses,
An one as ed aw sooarts o' fleawrs
Dad geet fair mad when Mam towd him
T'carnations were nicer than eawrs.

They'd onions theer big as tornups
Mi Mam said they're grown i' good stuff,
How is it as eawrs don't get that big?
And Dad said he'd bet they were tough.

Soa, Mam's gooin lookin' round t' fleawr show,
An' we're off on t'sands, Dad an' me,
He knows as Ah like gooin't' Southpooart,
An' this time we'll appen see t' sea.

Th' Owd Fisherman
by Josephine Iddon (Walmer Bridge)

Owd Bill were t'keenest fisherman as ever cast a line,
An' Ah were fain in t' summertime he were a mate o' mine,
When Ah geet hooam fro' wark at neet, Ah'd find him theer at t' gate,
He'd ax "Are ta gooin' a fishin'? Ah've fotched a bit o' bait."

He'd get mi rods an' tackle, while Ah geet a bit o' tay,
Then we'd pike off to fish in t' cut, wi' owd Bill leadin' t' way.
He allus wore an owd neb cap, an' t' union shirt baht tie,
He'd baggy breeches, pockets too, (he poached a bit on t' sly).

But when he'd getten tackled up, it were a seet to see.
His owd face when he geet a bite were wrinkled up wi' glee,
Just like a little lad he were wi' summat on his line,
Ah'd like to call some summer's neet on that owd mate o' mine.

He doesn't fish wi' me no mooar, they've put his rods away,
Th' Owd Fisherman has called for him, one neet just after tay,
Ah followed when they took him to St. Peter's up on th' hill,
He found Hissel a gradely mate on t' day he called for Bill.

Mi Grandad's Cap
by Renée P. Blackburn (Colne)

Ah'll allus remember mi Grandad's cloth cap,
Pulled deawn ower 'is eyes when 'avvin 'is nap.
Ee wore it on weekdays fer monny a reason,
T'guard 'im frae' t'weather reight through ivvery season.
In't summer, it shaded t'bright sun frae 'is eyes,
In't winter, a cover, when t'snow fell frae t'skies.
It kept 'is 'ead waarm when t'weather were bleak,
'Is old worn cloth cap wi' t'press stud on t'peak.
Then of a Sunday, ee'd tek t'cap off 'is 'ead,
Brush 'is 'air till it shone like silvery thread,
Weear a stiff, starched, 'ard collar, an' t'smartest of suits,
'Is dark tie, 'is clean shirt, an' 'is shiny black boots.
Ee'd set off t't chapil, walkin' stick in 'is 'and.
In 'is black bowler 'at, Grandad allus looked grand.

Lankyshire Twang
by Renée P. Blackburn (Colne)

When tha's witchert, tha's getten thi feet wet,
When tha's powfagged. tha's reight tired eawt.
When tha's getten bewildered, tha's flummoxed,
When tha's nowty, Ah ll fotch thi a cleawt.

When tha's in dickey's meadow, that's trouble,
When tha's traipsin', tha's draggin' thi feet.
When tha's tellin' mi summat, that's somethin',
When tha's eytin', tha' really means eat.

When tha stares oppen-meawthed, tha's gawpin',
When tha sets off, tha's getten agate.
When tha's bothered an' vexed, then tha's mithered,
When tha's lat, well that means 'at tha't late.

When tha's feelin' just fair, then tha's middlin',
When tha's busy, that means tha's fair thrang.
When tha wants t' utch up, then move closer.
When tha speyks, tha speyks Lankyshire Twang.

Th'owd Fam'ly Album
by Renée P. Blackburn (Colne)

Wi've this owd fam'ly album in t'cupboard,
Filled wi' sepia photos inside.
All t'pages are thick wi' gowd edges,
A gert metal clasp's on th'eawtside.

Little lads were all donned up like sailors,
Little lasses were donned up t't nines,
Wi' ribbins, an' lace, an' white stockin's,
An' th'id sashes wi' tartan designs.

Nooabody on t'photos were smilin',
Onny rooad, thi' all looked reight grim.
It 'appen were t'cloys thi' were donned in,
'At hed mek 'em feel solemn an' prim.

T'women's cloys hed tight waists an' 'igh necklines,
Great Gran'ma were theear in 'er shawl.
All t' fooalk stood stiff, just like pokers,
Mi Great Gran'pa wi' t watch chain an' all.

It's fair cappin' t'see all t'relations
When them sepia photos were took.
Ah'm fain it's survived all through th'ages.
Ah think back when ah see yon owd book.

Speykin' to t' Dog
by Brian Foster (Middleton Junction)

Thy art a mardy dog owd lass, tha likes a bit o' fuss,
Tha likes nowt better, bi th' mass, nor when th' two of us
Are ceawerin' deawn bi t' feyre, an' tha'rt curled up reawnd mi feet,
Wi booath sit theer together, an' know we're reet for t'neet.

Tha'rt allus fain t' see mi, when Ah've been a time away,
Tha'd think Ah'd been a fortneet, i'stead o' just one day,
Wi' thi lickin', an' thi barkin', Ah'm plaized thi joy t' see,
Thy allus 'as a welcome, 'at tha specially keeps for me.

Tha's allus been as gradely, an' tha's never axed for owt,
Ah've known when tha's been welly clemmed, beawt moiderin' for nowt,
We'n never used thi collar, it's still hung up theer on t' nail,
Aw nobbut need t' whistle, an' tha'rt wi' mi wi'eawt fail.

Tha's been a pal t' me owd lass, tha's never let mi deawn,
An though Ah've mich or nowt i' t'bank Ah'm richest mon i' t' teawn.
There's no other chap Ah know on 'as sich a gradely lass,
At'll allus stond beheend 'im, whatever cooms t' pass.

But Ah feel mi 'eart grow 'eavy, Ah dread t' think o't' day,
An' lookin' at thi e'en owd lass, it cornt bi furr away,
When we'll tak t' last walk together, then Ah'll walk whom alone,
Tha'll noan bi theer to greet mi, Ah'll know Ah'm on mi own.

But coom an' get thi supper lass, Ah getten thi a treat,
Ah've fotched thi a bone fro' t' market, sithi, it's full o' meyt,
We'll speyk no more o' t' morbid stuff, but for what we'n had thank God,
We'll traipse o'er moors o' Sunday, for th'art a reet grond dog!

Ah've Bote Mysel' An Oargan

by Brian Foster (Middleton Junction)

Ah've bote mysel' an oargan, Ah'm tryin' hard t'play;
Ah'm gooin' to a taycher, they say 'at thats best way;
He's getten mi a music book, wi' scales an' arpeegioze,
Crotchits an' quavers an' semi brayves, bud Ah doant mek mich o' those.

Ah'm gettin th' hang o' knowin - When Ah'm playin' eawt o' keigh;
Mi taycher says Ah'm doin' weel, he mun bi wurth 'is feigh;
Fathomin' scales is neaw mi job, bud 'ere Ah may be slow,
Ah'm o' reight when Ah'm gooin' up, it's landin' back o'doh.

Ah'm allus keyn t'practice, Ah con welly play a tune;
Ah've bin at it neaw a fortneet, Ah mun surely hev it sooan;
Ah know Ah'm beawn t'mak mistakes, 'cose onybody will
'Ats niver hed mich larnin', an' allus warked i' t' mill.

Ah doant know what t'neebors think, they've noan said eawt to me;
But Ah bet they're green wi' envy, when they see me o't' T.V.
Ah think they could bi toakin' sooan they'n say they know mo weel,
When t'felly cooms fro' pappurs, lippenin' o' a deeol.

Afore lung Ah'll bi racin' — mi honds across th' keighs;
Ah'll bi pickin' up concerto's, an' playin' 'em wi' eighs.
Noa piece ull prove t' difficult, Ah'll know 'em oal's weel;
Ah mote even start composin', dependin' heaw Ah feel.

Ah'll 'appen play at t'Tower, or even t'Champness Oal;
Oavations met bi waitin' mi, an' mony a cortan caw.
Bud it's practice es meks perfect, or soa Ah'm allus towd;
An' it's sich dree wark is larnin', Ah mote niver laive th' fowd.

Wod iv t'strain should prove t' much, Ah'll mebbe toorn to t'drink;
'Appen t' stool's a bit t' heigh, Ah'll lewer it Ah think;
Mi fingers winnot seem t'goo, they soomtimes feeol quite numb;
Soa iv Ah connot geet it reight, Ah'll 'appen beigh a drum.

Industrial River
by Dan Battersby (Radcliffe)

Fro' heigh up yon, bi Thievley Pike,
The river wends its way,
O'er moor at fust, an' then bi teawns,
Weer Industry once held sway.

It wer a gradely, leetsome stream,
Afore Cotton as King wer creawned,
Un coal to mak mills goo wer dug,
Fro' Lancashire's fair greawnd.

Then, on its banks weer wild fleawrs bloomed,
Mills wer chucked up, moor un moor.
Pappermaking, Spinning, Weiving Sheds,
Un Bleach Works bi the scoor.

Later Feawndries geet agate,
Un Tanneries, un such,
Un aw t'lot poured eawt effluent,
Till t'watter favvered slutch.

It then became a traycly stream,
Spread o'er wi monny hues,
Fro t'Chemic Works, chrome yellows.
Fro t'Dye Jigs, various blues.

Papper Mills let goo some stuff,
That favvered dirty snow,
In frothy lumps, welly two foot thick,
No wonder nowt would grow.

In t'river gallons heawrly flowed,
Of watter monny-shaded,
Until aw t'fish had disappeared,
Un aw other life had faded.

But Cotton's not bin King neaw,
Fer monny a year or so,
Un other Industries bin lost,
Un new uns slow to grow.

Its sad that t'mills have had to shut,
Un wark is hard to get,
But if t'river gets clent up agen,
Ther may bi compensation yet.

Fer wot wi Acts of Parliament,
Un t'Better Rivers Bill,
Un other countries steylin' t'trade,
Watters gettin' clenner still.

Th'area could become a National Park,
Attracting foak fro monny lands.
Wi' centres aw on t'rivers course,
Fro Bacup Spa, to Salford's golden sands.

Un if thi don't shut Ship Canal,
Some are trying to do fer sure,
Ther could bi watter borne excursions
Fro Merseyside to Deerplay Moor.

The Gladiators
by Dan Battersby (Radcliffe)

When Bickershaw Hornets played Ince Aw' Blacks,
In t'play off fer t'Wiggin League shield,
Foak sed ther'd bin nowt like it,
Sin t'battle on Bosworth field.

Thi played — nay — fowt this 'ere final,
On t'Tamar Lane Rangers greawned,
Un foak cum in ther' hunderts,
Fro' Hindley un Leyth un aw reawned.

Both teams o' players wer hard as rocks,
Ther wark kept um gradely fit,
Thi needed no joggin' to keep in trim,
Fer mooest on um warked deawn t'pit.

This were in t'days afore cuttin' machines,
Paddy trains, pit yed baths un such,
When coal wer dug wi pick un spade,
Un some warked i' watter un sludge.

Bickershaw lot cum straight fro' t'pit,
To be in time fer t'game,
But ref objected when they turned eawt,
Fer them un th'Aw Blacks favvered same.

So these hardy chaps geet straight into t'bruk,
Un weished thersels up one un aw,
Then back on t'feelt to get on wi' t'game,
To find some lads had stown baw.

Wi eawt it thi could'nt get on wi' t'game,
Tho one mon theer sed it wer true,
He'd bin to games wer he wer sure,
Ther'd neawr bin a baw on view.

Reawned village lads were quickly sent,
To find an other baw if thi could,
While t'players slipped quietly into t'Red Cat,
Un quickly deawned pints straight from t'wood.

When a baw had bin feawned, refs whistle blew,
To get t'gladiators back into t'fray
But neaw thid rayther a stayed wer thi wer,
Un said 'Put match off fer that day.'

Spectators wer doin' some chunnerin' bi then,
At havin' so long fer to wait,
So thi fotched aw t'players back on t'feelt,
And at last geet battle agate.

At fust th'Hornets hooker wer winnin' aw t'scrums,
Un this to th'Ince players seemed quare,
Then thi noticed he still wore his clogs,
Un sheawted 'Thats noan gradely fair.'

Bi then th'Hornets wer winnin' ten - nil,
Un havin' mooest o' t'game,
But while ther hooker wer findin' some boots,
Th'aw Blacks browt ther score to the same.

From then t'lead cheinged honds a few times,
Un t'game proceeded to ebb un to flow,
Then wi five minutes left th'Aw Blacks went in front,
To th'Hornets that seemed the last blow.

But tho' powfagged, witchert, un wounded,
Thi pood thersels reawned un fowt back,
Un levelled scores wi a last minute try,
But t'goal kick wer weel off track.

Then, aw pals together, thi traipsed eawt o' t'slutch,
Un after a good weish un a scrub,
A reight good prato pie do thi had,
Provided bi t'Tamar Lane Club.

A Bun In The Oven
by Sally James (Edenfield)

Am gooin to mi Auntie Annie's -
I like her, she's big and fat,
She always has a pinny on
And her hair done in a plait.

You can always smell her cookin' -
Is it apple or jam tart?
Or maybe rhubarb crumble
Eh! it nearly breaks mi heart.

At last she'll open oven door
It smells as it's from heaven,
Lovely scones and currant cake
Eh! Am glad am only seven.

She'll sit me deawn at side ert grate
An say, "Ast washed thi paws?
Well here thi are, now eat it up
That's wor ave cooked it for."

Eh! A love mi Auntie Annie
A know she's big and fat,
And a know she's gor a foncy mon
Wi a big black trilby hat.

But he's like me, he likes his grub,
And mi Auntie Annie too,
So don't worry Auntie Annie,
I'll not tell on you.

What's matter Auntie Annie?
Why's yer eye all bruised and black?
Why's all yer Sunday clothes
Tied up in that big sack?

Tell me Auntie Annie,
When your Sam come home from t'pit
Did he see yo wi' yer foncy mon
Then nearly have a fit?

But Auntie Annie only sighed
As she rolled her pastry flat,
"It's him a love who eats mi cake
And wears t'black trilby hat."

"Well I never said," I cried aloud
But Auntie only laughed,
"Don't fret thisel, it's over now
But thi uncle must be daft."

"He never liked mi currant cakes,
Mi tarts and apple crumble
But him wi't trilby hat
Well, a never heard him grumble."

"So now am movin out o' town
And thal nee'r see mi no more
Am off with him wi't trilby hat
That's hangin' on yon door."

"But Auntie Annie, I love thi too
Although thas big and fat
Through eatin all them cakes
Wi him wi't trilby hat."

Well I ne'er saw Auntie Annie
Till I was nine or ten
She was walkin' dearn yon street
And didn't half look well.

So I said, "Hey Auntie Annie,
Dost remember me?"
"Eh lad," said Auntie Annie
"Ave got a lad like thee.

He's only two, 'ere tek a look,"
And in yon pram was sat
A babby eatin' currant cake
With a small black trilby hat.

No Contest
by Robert Ingham (Ormskirk)

When I were a lad and watched footba'
Why, we went off to t'match and had fun -
Exceptin' for a' them occasions
On which t'other buggers had won.

Now, t'team I supported were Preston,
Aye, we shouted for t'famous North End
And in that there team were a player
On who tha could allus depend.

His name - say it soft - were Tom Finney,
And give it aw t'reverence that's due
To a chap as could turn on a tanner
And beat anyone - any two.

He could dribble his way down yon right wing
And centre from t'bye-line, tha knows,
Then he'd do it agen o'er on t'left side
And stick ba' in t'net to applause.

Nay, they had a good team in them days, lad,
There were Langton and Wayman an' aw
And Docherty playin' at half-back;
By the heck, they were wick, they could go!

Now, sometimes we went to watch Blackpoo',
They were just t'other way along t'road,
And they had a fella ca'd Matthews
As some reckoned were good - What a fraud!

His left leg were nobbut to stan' on,
He weren't able to head ba' nor score,
When he felt cowd he'd dribble down t'touchline
And bang o'er a few centres, nowt more.

Anyway, he kept playin' for England
(They were reet silly buggers at t'top)
So they had to put Finney on t'left wing
Because Stanley weren't able to swap.

So, tha sees, it were really no contest,
Tha cannot compare ale and watter.
Ee, them experts they make me feel badly
Wi' a' their continual natter.

When they're chunnerin' on about craftsmen
And they tell thee that Matthews were great,
Tha mun answer that next to Tom Finney
He could on'y be ca'd t'plumber's mate.

Nature's Weather Forecast
by Clifford Heyworth ("Bill o' Bows")
(Bacup and Morecambe)

When t' wind blows t' leaves all upside deawn,
It's allus sure to rain,
An' verifyin' such a sign -
Rain clings to t' window pain;

Should seagulls fly o'er t' countryside,
An' sing their waarnin' lay,
Thi tell inclement weather soon,
'Ull surely be on t' way.

When distant hills look very near,
Wi' rosy mornin' sky,
Then freetend dogs 'ull shelter tak'
An' crouchin', weirdly cry.

When litter on t' street's footpaths blow
In circles reawnd eawr feet,
'Tis then we know, it waint be long -
'Fore t' rain leets deawn in t' street.

Eawr weather experts are so good,
An' earn eawr nation's praise,
But never con they weel compare
Wi' nature's clever ways,

For its revealin' systems are
Allus clear to see,
An' if **WE'D** nobbut watch these signs,
We all would wiser be.

Han Yo' Yerd?
by Clifford Heyworth ("Bill o' Bows")
(Bacup & Morecambe)

It's nobbut t'same owd tale again,
We've yerd it oft afore,
But somdis donned it up a bit
To mak' it seawnd more truer;

"On good authority" it's towd,
An' t'teller knows it's true,
Hoo yerd it up at church, last week,
Fro' one ut shared t' same pew.

Ah promised not to say owt, but
Ah know it's safe wi' thee,
So howd thi tongue an' bide a while,
An' then, tha'll surely see.

Ah know, tha waint repeat my word,
But keep it to thisel,
In fact! noan on us need say owt,
For time is beawnd to tell.

Ah must push on, an' leave yo' neaw,
Remember - Not a word . .
But when t'next friend coom into seet
The cry was "HAN YO' YERD?"

Bowton
by Kathy Harwood (Bolton)

Has't bin i' Bowton lately?
If not thart in fer a shock
They reckon it'll be reet when its finished
So Ah'm waitin fert see it en bloc
Yer corn't ride reaund i' thi motor car
There's plant pots and stumps deawn t' middle.
Aw reet fer dugs, or owt else as fancies a Jimmy Riddle
They caw it modernisation
I think yon teawn hall's bin nobbled
They'n ripped aw t' flags an t' curbs up
An gon back eighty yer - ween bin cobbled.
We've geet above one teawn centre naw
They'n built one on't Bark St greawnd.
But what Ah want know
Weer t' moneys comin fro' fert spread it aw reand?
Mi owd legs 'ull not walk reaund theer
So Ah sed Ah'll caw it a day
Ah'll goo int' "Wheatsheaf" fer haaf a beer
Oh 'eck its "Serendipitys" neaw
Young uns ull ne'er know what thiv missed
They'n took away aw t' fun
Fert hop off a bus eawtside a shop
An hop on agen when thad done
Ah've sed it once, an Ah'll say it agen
— Progress has t' be made
So lets 'ope yon lot know what there doin'
An keep Bowton preawd of its name.

The 'L' Of It All
by Nellie Critchlow (Horwich)

Eawr teycher's takin' 'er drivin' test
Aw us pupils think it's reet queer
'er moves us on, aw t' times o' t' day
Sayin' "Come along, No Parkin' here".

'er's practisin' 'er 'ighway code
Each little sign 'er mun know
'er walks along, then 'er sticks eawt 'er arm
Signallin' wheer 'er mun go.

Us childer corn't follow 'er lesson.
Wi' chalk o' t' blackboard 'er'll write
"Give way" an' "Reduce speed now"
I' Red, Amber or Green, - never white.

'er goes through aw t' doors backards.
'as reversin' off to a fine art.
What worries 'er neaw is, when t' time comes
'eaw the 'ell does 'er get it to start?

I' bed 'er's tossin' an' turnin'
'er 'usband's 'ad aw 'e can take.
Lay bi 'er side e's 'ad narrow escapes
When 'er grabs what 'er thinks is a brake.

Let's 'ope 'er remembers aw that 'er should
If not, there'll be other times.
But if that examiner fails 'er to-day
'E's a cert for detention an' lines.

Gradely
by Nellie Critchlow (Horwich)

Mony things are gradely
Lots on 'em spring to mind
But a definition o' gradely
Ah'm blessed if Ah con find
'appen it's a gradely thunderstorm
On a gradely winter's neet
Wi' a gradely flash o' leetnin'
Givin' folks a gradely freet.
Tha cud've 'ad a gradely time
Wi' a gradely friend or relation
Gerrin thisel' gradely drunk
At sum gradely celebration.
Ah'm a gradely Lancashire lass
From a gradely Lancashire place
Th'owd mon says Ah'm a gradely lump
Wi' a gradely nose o' mi face.
When ah'm noan too gradely
Wi a gradely wartch i' mi' yed
Ah'll sup a gradely mug o tay
'utched up in a gradely bed.
Who cares abeawt 'definitions'?
It's a word as speyks for itsel'
It's allus used bi gradely folk
Wi a gradely tale to tell.

The poem by Nellie Critchlow reminds me of two by the famous Lancashire writer Teddy Ashton, one of the pen-names of Charles Allen Clarke (1863-1935). I am often being asked to explain the word "gradely", and to supply copies of these two poems:-

A Gradely Prayer
by Teddy Ashton

Give us, Lord,
   A bit o' sun,
A bit o' wark
   An' a bit o' fun.
Give us aw,
   In t' struggle an' splutter,
Eaur daily bread
   An' a bit o' butter.

Give us health
   Eaur keep to make,
An' a bit to spare
   For poor folk's sake.
Give us sense
   (For we're some of us duffers),
An' a heart to feel
   For aw that suffers.

Give us, too,
   A bit of a song,
An' a tale, an' a book,
   To help us along.
An' give us eaur share
   O' sorrow's lesson,
That we may prove
   Heaw grief's a blessin'.

Give us, Lord,
   A chance to be
Eaur gradely best,
   Brave, wise and free;
Eaur gradely best
   For eaursels an' others,
Till aw men larn
   To live as brothers.

"Gradely"
by Teddy Ashton

Once a gradely lad went to Liverpool,
   On a gradely day chep-trip;
An' passin' th' docks he sheauted out,
   As he seed a mighty ship!
"Eeh, what a gradely greit big ship!"
   An' a gentlemon passin' by
Said to th' lad that was starin' so
   At th' tall masts up i' th' sky,
"My boy, you used a strange word then,
   Unfamiliar to my ear;
I'd like to know what 'gradely' means -
   Pray, can you make it clear?"
"Why, everybody knows what 'gradely' means,"
   Said th' lad i' some surprise,
At such a question bein' axed
   By a chap that looked quite wise.
"Oh, no!" said th' gentlemon, "for I don't
   To me it sounds absurd,
And in all our English Dictionary
   There isn't such a word!"
"By gow," said th' lad, "an' is that so?
   Then go mend it an' durn't tarry!
For if it hasn't 'gradely' in, it's noan
   A gradely dictionary!"

War Baby
by Cecilia Foster (Burnley)

Ah've no clue what Ah looked like before Ah were four,
There were no films for t' camera durin' t' war,
An' when it were over a photo were took,
At a place called a studio, Ah'd to sit on a book.

Ah remember mi Mother stood wi' me in 'er arms,
Lookin' up at t'sky, an' t'sound of alarms.
Then we played peek-a-boo through a glass on t' wall,
That's mi fust recollection of when Ah were small.

Knocker-up chap would come in a mornin', still dark,
An' wi' 'is pole bang on t' winder till 'e saw a spark
O' life in t' th'ous'old to show that we'd stirred,
'E were t'lamplighter too, before war were declared.

There were three reight big weavin' sheds near to our street,
An' each mornin' you'd 'ear such a clatter o' feet,
Every one wearin' clogs as they went to clock on,
Rattlin' o'er t' cobbles - like some sort o' song.

Me Dad were a fell-monger, workin' wi' wool,
Every fleece to be stripped wi' a well practised pull,
T' were a "Reserved Occupation" an' though 'e worked 'isel sore,
'E 'adn't t' go off somewhere fightin' in t' war.

Uncle Frank, 'e joined th'ome guard, now that were a do,
They'd all sit playin' cards an' keep 'avin' a brew.
Me Aunty got fed up an' in a minute of ire,
She threw all 'is uniform on t' back o' t' fire!

Aunty Lotte, she married a chap from away,
'E were French an' a soldier, wi'out much to say.
Ah 'ave a French cousin an' it were allus reight queer,
That she din't talk English like us o'er 'ear.

Ah recall a dark mornin', walls black slicked wi' rain,
As we all went to t' station t' wait for a train,
Aunty Lotte were leavin', for a time it would seem,
It were very excitin', all that clankin' an' steam.

When t' blackout were finished an' t' lights come back on,
Mi Mum took me down, on a bus, in to t' town.
All t' streets were lit up, every shop full o' light,
You could see jus' like daytime, even though it were night.

There were things comin' back in to t' shops every day,
Like cream cakes, an' butter, an' eggs that were laid.
Ah din't like butter, Ah much preferred marge,
An' Ah 'ated bananas, they were tasteless an' 'ard.

On V.E. day mi Mum an' Dad went for a drink,
An' we'd Union Jack flyin', wi' t' red gone all pink.
We'd a bonfire on t' backstreet, an' t' chipshop did well,
They stopped open till midnight, wi' special prices as well.

Ah were 'appy in t' war days, of that there's no doubt,
When you're little you don't know what it's all about,
An', if Ah sit quiet Ah can still 'ear that song,
O' t' clogs on to t' cobbles - reight faint - almost gone ....

Mi Garden
by Anne Ridgeon (Whitworth)

It's nobbut a bit o' God's wondrous earth,
Wheer colour an' beauty, wi' care, find re-birth;
A deal o' time's takken up wi' growin rare posies,
Alongside mi yarbs an' mi fruits, an' red roses.

When t' cowd Winter fotches its frost, wynts, an' snow,
E'en then, yo' con find Kessmus Roses on show;
Wi' t' bonny Witch Hazels, they bloom sweet an' fine.
Brass then, cannot buy th' pleasures 'at's mine.

New life, an' new hopes, are born wi' th' Spring,
Aw t' tree's are r'bud, an' t' brids are on t' wing;
Its then Ah gorm there's green shoots on mi plants,
As they mingle wi' daffodils, an' t' polyants.

When Summer arrives, Ah look round an' say,
"Mi garden's a picthur, so bonny an' gay."
There's salits, an' pot yarbs, an' bushes o' fruit,
I' peace an' contentment, they've takken deep root.

Next Autumn cooms reawnd wi' its gowden store,
Then mi yarbs an' mi fleaw'rs, Ah start lookin' o'er,
Ah then mak "Pot Pourrie", wi scents 'at are blended,
A reminder, i' Winter, of a Summer 'ats ended.

Mi garden has teyched mi, we reap what we've sown,
As reward for our labour, we gather what's grown;
It's good to receive, but far better to give,
Bethinks yo' o' this, an' yo'll larn heaw to live.

Ah'm in t' Dog'ouse
by Albert Davenport (Accrington)

Oh Eck, what a mess,
What are wi gooin' to do
Eawr dog has geet distemper,
An t' parrot's getten flu.

T' gowdfish asn't bin feelin well
He's getten fungus reawnd his gills,
An t' tomcat's lay on t' mat
He's bin takin' slea'pin pills.

Eawr gerbil's walkin wi a limp
He's geet a walkin frame,
An t' tortoise, in eawr garden
As getten shell-shock, wat a shame.

T' canary, fell off his perch today
He bang't his yed, on t' doo'er
Flat on his back, legs up in t' air,
Ah dunno think he'll whistle ony moo'er.

T' wi'efe wer in a temper enoo
Hoo sed, "tha shud a' bin a vet.
Oh, an' dunna ferget mi tablets,
Wen thea'rt passin yon Chemist, will ta Pet?"

Village Folk
by John Oakley (Oldham)

If you'll just 'ark t' me, I'll tell thi' a tale,
It met' mek thi' laugh, er turn thi' quite pale.
Deawn in eawr village, folk seem very queer,
But you'll ha' t' get use't, if yer come t' live here.

Owd Wilf don't like gooin' fer a walk on 'is own,
So he tek's 'is owd wheelbarrow filled up wi' stone.
Big John 'ad a rabbit, it wer born wi' three legs,
So he med it another one eawt o' a peg.
A farmer coe'd Breawn, bowt a cow in a sale,
An' then tried t' get eawt some milk in a pale.
He luked underneath t' get a good pull,
Guess what he'd done? He'd bowt a large bull.

Poor Mrs Kay, had twenty seven childer,
Two cats, three dogs, an' her husband a builder.
Thi' aw' sleep stood up, in one room wi' no bed,
An' thi'v 'ad a rare treet, when ther's jam on ther bread.
A lady coe'd Alice, runs a small village shop,
Hoo sells toffee apples, an' bottles o' pop.
When aw t' village childer goo in t' beigh sweets,
Aunty Alice mek's sure that thi' aw get a treet.

Owd Bob 'ad a wife, hoo wer twenty two stone,
She rode a big horse, yer could fair hear it groan.
One mon coe'd Walter, med coffins an' shrouds,
An' 'is wife walked about wi' her head in t' clouds.
She 'ad plenty o' friends come to visit she said,
But she forgot t' tell folk thi' wer mostly quite dead.

Parson Jim does funerals an' christnings both,
An' he also helps young folk, t' plight ther troth.
A few pints wern't amiss, when he went in t' local,
He said it wer needed t' lubricate 'is vocal.

Neaw come t'th village an 'av no fear,
Most folk are gradely, us live deawn here.
Yer must meet some o' t' locals upon ther own greawnd,
Thers a reight lot o' happiness here t' bi feawnd.
If yer come on a visit, pray come very soon,
But whatever yer do, don't come at full moon.

What The Woman Said
by Lilian Harwood (Tyldesley)

Ah went an' 'ad me fortune towd
Inside a gipsy's tent,
An' what wi' aw the ow-de-do
Such a jolly time Ah spent.

Hoo towd me Ah'd get wed next June,
An' Ah'd 'ave childer three;
Hoo towd me as Ah liked a laugh,
An' reet good company.

Hoo said me life 'ad bin so 'ard,
It's time I 'ad some fun;
An' said as Ah'd 'ave plenty o' laughs,
Afore me day were done.

An' I sat theer an' waited,
While t' gipsy scrats 'er yed,
An' then hoo said good news were comin',
Fer' me brother Fred.

Well, that fur puzzled me, an' then
Hoo axed fer three peawnds ten,
So Ah geet eawt me battered puss,
An' come eawt o' t' tent again.

Ah stood theer, laughin' like a foo',
Fur chinkin', fit to bust;
An' t' reasons fer me laughin',
Fert tell thee aw, I must.

Ah've never 'ad a brother Fred,
I'm never likely to;
Hoo mun 'ave geet 'er wires crossed,
An' Ah'd paid up like a foo'.

An' I've bin wed this twenty years,
We'n getten childer four,
Me 'usband'll go ravin' mad -
Ah'st not go theer no more.

Gooin' t' Messiah
by Eva Peters (Westhoughton)

Mi Dad wer' reet fond o' music,
He said it wer' good fer t' soul.
'Specially that theer Handel's Messiah -
He couldna' abide Rock an' Roll!

He'd tek me to t' King's Hall at Kesmas,
When th' Hallelujah Chorus wer' sung.
Ah didn't reckon much to it at t' time -
It seemed t' goo on rayther lung.

Fust one 'ud stond up, then another.
They 'ad fer t' sing bi thersel's,
Then t' choir wer' agate fer t' gi' 'em a rest
They wer' reet eawt o' puff Ah could tell.

Ah ne'er could get th'ang of it someheaw,
Ah thowt it lung-winded an' dull,
But ther' mun ha' bin summat abeawt it
'Cos t' place wer' allus crammed full.

They would keep repeatin' thersels see -
Wi aw th' Hallelujah's an such
An aw abeawt Him reigning fer ever
At least Ah cottoned-on to that much.

Aye but mi Dad did enjoy it.
It wer' exactly his cup o' tay -
Fer weeks afther he'd bi singin'
Abeawt sheep as 'ad aw gone astray.

Ah'm still gooin' t' King's Hall at Kesmas.
Ah've joined t' sopranos in t' choir,
Ah reckon Dad knew wor he wer' doin'
When he took mi fer t'hearken t' Messiah.

Gooin' Wom
by Iris Pursell (Tyldesley)

Ah've just bin back to me Wom-Teawn,
Wand'rin' abeawt awhile,
An' nothin' seems fert' be the same
In mony a weary mile.
Tha doesn' 'ave fert leave it lung
Afore a teawn can change;
Ah felt a tuggin' at me 'eart
'Cos everythin' were strange.

They'n done away wi' t'Reawnd-'eawse,
There were no sign of it;
Me Grandma 'ad a terraced 'eawse
As stood reet opposite.
Helena House 'as gone t'same road,
It's gone! I don't know why,
'Cos tha could bey most everythin'!
It causes me fert cry.

An' neaw there's one-way thraffic, an'
The streets don't seem the same;
Gone is me little corner shop;
Folks 'ave fergeet its name.
There's great rebuilding theer, for sure,
But, wi' regard to me,
St. Helens won't be quite the same
As once it used fert be.

An' yet, when I bethink missel',
O' t' days gone by,
There's still pals theer as never change,
For them reet glad am I.
Maureen an' Eric, Jean an' Mike,
Their childer, grown by neaw.
Their friendship grows wi' every year,
An' strengthens me some'eaw.

St. Helens will forever live
Within my memory,
And friendship is a silver thread
To what life used fert be.
So lookin' back, an' lookin' forth
To what Dame Fortune sends,
Ah'st love my Wom-Teawn just as much,
An' thank the Lord for friends.

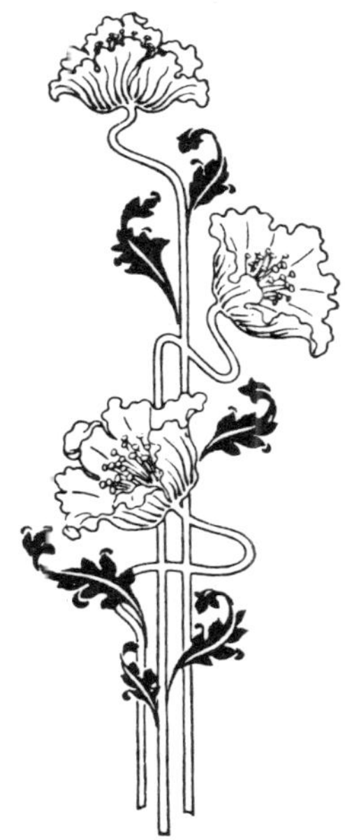

Nok An' Run
by Dave Hunt (Darwen)

We used t'play a game, as drove fowk reawnd the bend,
Nokkin on ther dooers, like t'world ed cum to th'end.

Then leggin it reyt quick, wae smartly did a scram,
An' fowk ud showt an' oller, an' threttun t'tell us Mam.

One day tho wae wer peepin reawnd t'corner up the street,
Wen suddenly behind us, cum t'sound a runnin feet.

This chap ad pooed a fast un, an snuk out o' bak yard dooer,
Us arts wer in us mouths, an us feet war'nt tutchin flooer.

Ee chased us up is street, and deawn is bak as well,
Wae thowt then fer certain, is age ud surely tell.

So wae split in aw directions, quite sure ee'd ad enuff,
But ee just kept on chasin me, nod even out a puff.

Dashin deawn t'next street, a dog joined in t'ut chase,
Nippin at mi ankles, an bit mi britchis arse.

Up an deawn them streets, bloke warn't fer givin up,
Thi chased mi near t'death, im an yon flamin pup.

Till Ah lost um deawn bi t'railins, bi squeezin thru a gap,
Big enuff fer lads, but nod a full grown chap.

T'mek sure Ah wer safe tho, Ah run anuther mile,
An vowed Ah'd nok n'mooer. At least not fer a while.

Birds Nestin'
by Dave Hunt (Darwen)

It wer one a them ot summers, wen t'sun did nowt but shine,
An off wae went birds nestin, me an t'mates a mine.

Neaw this lad cawd Ken Newton, wer as wick as owt cud be,
I nobbut just ten seconds, ee'd shin up onny tree.

Wae'd geet a fair colleckshun, of eggs ow evri kind,
But Ken kept shinnin t'trees, an didn't seem t'mind.

Then afeway up this trunk, ee med a funny sound,
An this queer lukkin thing, cum crashin deawn t'ut ground.

Well t'lad up t'tree wer shoutin, as well indeed ee might,
Bicoz wod append next, were such a dreadful sight.

Lyin on t'ut flooer, wer this woppin gret wasps nest,
An thae wer swarmin out, t'seek th'intrudin pest.

So faced w'it situation, wae legged it theer an then,
Fergeddin fer a minnut, about us poor mate Ken.

Until wae eerd im screemin, an raisin merry ell,
As ee cum crashin out at t'woods, an ed ower eels ee fell.

Them wasps just kept on stingin, even on is bum,
Wi t'lad beein far frae suited, an scrikin fer is Mum.

Neaw t'wood wer next t'ut lodge, an wae ed an urrid natter,
Then shoutid up to im, to jump ed fost in watter.

Well thats just wod ee did, an t'wasps abandoned im,
Coz tho thae'r gud at flyin, thae've never larned t'swim.

Lad wer in a mess, tha shud ave eerd im wail,
An wae fished im out at lodge, like a fish wi'out a tail.

Ee wer swellin up i lumps, frae is ed deawn to is toes,
Not t'mention t'watter, as wer drippin frae is clothes.

Wae geet ome reyt sharpish, but is Muther who wer out,
Then Ma Nick stud at er dooer, let out a friendly shout.

"Fotch im i mi house, ah'll si wod ah can do",
An reyt enuff who did, all ower wi t'dolly blue.

Neaw tho ee lukked a tuckel, yon stuff fair worked a treat,
Tho ee wer like Boy Blue, frae is ed deawn to is feet.

Bury Black Puddings
by Keith Scowcroft (Tottington)

They're black and they're round and they're shiny
They hang like the fruits on a tree
An ancient fertility symbol?
Well, they look summat that way to me.

Now Sam was a Knight of the Garter, or summat else just above t'knee.
'Ee were one o'them what went crusading i' Palestine, Sumaria on t' Dead Sea.
'Is gaffer were Richard the Lionheart - fost mon wi a transplant was 'ee,
An' Sam was his late shift commander - did errands an' med him iz tea.
The conditions at Scarborough was shocking, with waves pounding in from the sea,
But Sam delay his departure? - Not for a moment did he.
He said, "Dicky, we'ed best get agate rowing"
They were both quite familiar you see.
"The A-rabs 'ull all be a-waiting. Ah've sent 'em a letter fro' thee."

They're black and they're round and they're shiny
They hang like the fruits on a tree
An ancient fertility symbol?
Well, they look summat that way to me.

Fer twenty long hours they were rowing, till Sam cried out "Eeh dearrie-me.
Ah ne'er thowt there were so much watter as there is i' this 'ere North Sea."
Bud soon thi fetched up i' Palestine, alongside of Jerusalem Quay
An' Sam said "a pint o' Thwaites' bitter 'ud be the mekkin o' me"
They soon found a place of refreshment -
They were clemmed from t'journey yo' see,
Bud this bloody great Turkistan barman sez "Ah'm nod servi' Dicky, or thee
Tha's com in aw covered i' seaweed, an' nast from the birds of the sea
Now tha'd best bugger off back to Bury, or sling thi hook t'ooards Galilee."

They're black and they're round and they're shiny
They hang like the fruits on a tree
An ancient fertility symbol?
Well, they look summat that way to me.

To say Sam were vexed was as nothing, and Dicky was seething was he.
No ale fer two thirsty Crusaders what's ventured across the North Sea.
Sam swung with his clog at a table where t'Saracens were having their tea.
He said a couple of infidels and put proper frighteners up three.
The battle that followed was hysteric - it's recorded fer posterity.
It has t'be said Sam retreated to t'booat a-waiting bi t'quay,
While Dicky set rowin' like buggery. Was our Sam defeated? not he.
He swung with his oar at the barman before settin' off back across t'sea.

They're black and they're round and they're shiny
They hang like the fruits on a tree
An ancient fertility symbol?
Well, they look summat that way to me.

Now when they fetched up back i' Blackpoo',
(Thi went t'scenic way reawnd, don't you see,)
Sam found summat dangling on th'oar
That seemed to belong to an HE.
An' when 'im an' Dicky wur i'Bury at a confab they both did agree
To present this honourable trophy as proof of a victory o'er t'sea.
Such was the public acclamation of Dicky an' Sam's bravery
That the Mayor accepted the trophy to preserve for posterity.
But we each can have our own trophy - ther's plenty fer me an' fer thee
Thi sell 'em as Bury black puddin's - and now you know their history.

Howfen Legend

by Ernest Ford (Westhoughton)

A Farmer fro Howfen rose early one morn
He had for 't' bring keaws up beside cutting 't' corn
Fro his actions that morning tho little he'd know
Sprang 't' legend of Howfen as stated below.

Beawt having his breakfast through 't' meadow he went
Keaws had for 't' be milked if he hoped for 't' pay rent
He ho'd and he hey'd till he had em in 't' yard
But there were nine and not ten, so he had for 't' think hard.

Now brains were not noted for one of his kind
But he had 't' sense for 't' tell him he'd left one behind
So leaving all nine he went looking for 't' tenth
An 't' pace as he went at sapped all of his strength.

"Nay, 't' keaws not wandered off", he thowt as he stood
With his cap at an angle and knees daubed wi mud.
He strained both his eyes till he almost see'd double
Then a seaw'nd met his ears like a keaw that's in trouble.

Without much ado he then made for the spot
And 't' seet that as met him showed 't' trouble he'd got
T'news spread like leetnin and we know to this date
That 't' keaw as he found had its yed stuck in 't' gate.

He pooshed at its yed and poo'd at its tail
But it stuck to yon gate like an owd rusty nail
For an hour or two it now kept this lad busy
Till both him and 't' keaw began to feel dizzy.

"I'll get thi eawt some road", he promised it then
And set off for 't' saw as he kept in th'hen pen
A small crowd had gathered, out early fro bed,
And they all started gawpin as he sawed at 't' keaw's yed.

For 't' seet as they saw above all things was rare
As he cut that keaw's yed off wi'out turning a hair
But now it was free 't' farmers' troubles had passed
He didn't know then that this story would last.

Then a man asked why he hadn't cut 't' gate
And the rest of the crowd thowt for th' answer they'd wait:
"Do you aw think I'm daft and I don't know me job
When yon gate cost me two pounds and 't' keaw fifteen bob!"

The Lord's Prayer
by Ernest Ford (Westhoughton)

Our fayther who art up theer
Un lets mi sit deawn near thi chee'ur
When thi reckonin cums
Into awll eawr woms.
Things deawn here
Will be uz **tha** has um up theer
If tha thinks misels nor earnt mi keep
Un dont diserve t' be cawed thi sheep
Forgive mi lord ... fer forgivins good
Cos **I've** bin wrunged un naer thrown mud
But neaw I see thi in a better leet
Un know fro neaw I'll do things reet
Fer tha has offered me a road
To traipse alung un shed this load
I'll cum wi thee, neaw weers thi hond?
Well bless mi soul, it's soft as sond
Eee tha feels warm, there's comfort here
Its fust time uz I've naer felt fear
I'm thine, **tha** knows it doesn't mon
Un I'll think o' thee awe t' time I con.

Sortin Em Eawt
by Ernest Ford (Westhoughton)

Its not awe'l beer un skittles uz I'll hev yo know
Ut eawr soartin office deawn ut eawr G.P.O.
This ere festive season is a reet busy time
So hark ter this story uz I'll tell thi in rhyme

Our boss is a mon we refer to uz Jim
All let'thurs to Santa are shoved afore him
Theres sum mek thi lowf un sum mek thi cry
And t' one uz I read fotched a tear to mi eye

T' envelope wuz home-made tha cud easily tell
Un chilt writin on it wuz larnin for t' spell
"Dear Santa", he sed in a little lads scrawl
"You dont know me, dear Santa, but my first name is Paul

"My dads out of work" his hondwritin went on
"And we cant pay for owt cos our money's all gone
I'd like to have something to compete with my mates
And three fivers from you would help buy me skates."

Neaw t' let'thur wi a cap reawnd t' office then went
Un awe'l uv em theer turned eawt a reet gent
We awe'l tipped up sommat un went cap ud bin reawnd
Jim ceawnted it up un he sez theres ten peawnd

Feelin preawd of this effort we geet postal order
Un a breet little card wi holly reawnd t' border
Then a let'thur fro Santa wuz sent on its way
Wi eawr ten quid inside it fer t' mek up Pauls day

Neaw just three days af'thur we yerd fro yon Paul
As agen thro t' post cum that same childish scrawl
A thank you to Santa? I scratched ut mi yed
Un read it eawt slowly un heres wor it sed

"Dear Santa, a thank you from a grateful kid
For the money you sent tho it was only ten quid
Tho all fifteen was there when you sent it I know
The rest must have been swiped when at G.P.O."

T' Brunin o' Westhowfen Mill
by Ernest Ford (Westhoughton)

In 1812 the neets were cowd
T' were a dangerous thing for t' think aloud
No food. No werk. Hondlooms stood still.
Steampower had cum to Westhowfen mill

A secret meeting at Pee Padge's house
Where each was allowed to air his grouse
They formed t'Luddites, an Association gooin reawnd
To smash powerloom machinery deawn to t' greawnd

On 20th March at Clapper Fowt
Their numbers swelled from almost nowt
Yet another month were allowed to pass
Before armed men stood again on t'grass

To Westhowfen mill in fours they went
For t' breyk machinery they were hell bent
But soldiers, tipped off, abeawt this pack
Were waitin theer and drove 'em back

Five days later when things deed deawn
This mob, much strunger, met eawt of teawn.
They marched in fury o'er a hill
And made a bee line for yon mill

No soldiers this time barred their road
There were no muskets, was no sword
No blood was shed up to this time
T' mob cawd this justice not a crime

Ten minutes passed inside that doower
As brokken machinery piled on t' floower
A tub o tallow cum into seet
They spread it on t' cloth and fotched a leet

As t' flames fro' that fire warmed aw t' folk inside
Soldiers fro Bowton began on their ride
But t' mob had aw gone when they geet to the spot
And t' temper o' soldiers can get flamin hot

They rampaged through houses turning folk fro' their bed
And bayonated haystacks as each soldier seed red.
Fourteen were arrested and to Bowton were took
But ten were acquitted and four left in t' book

To Lancaster jail these four were despatched
And tried for this 'brunin' they said they'd hatched
One were a young un cawld Abraham by name
His crime, so they say, was supplying a flame

As aw Lancashire awaited t' result o' this case
The prisoners theirsel expected 3 months in disgrace
Then, as the bells of a church started noisily clanging,
They found their release was to end up in hanging

That lad Abraham Charleston cried out for his mam
He was being led to the slaughter like an innocent lamb
And on the 15th June these four paid the bill
For that 'brunin' that happened at Westhowfen mill

The Old Ossie Gobbin

by Benita Moore (Oswaldtwistle)

Have you heard of the township of "Ossie?"
Why it's name is a Music-hall joke!
It's famous for t' first Spinning Jenny,
An', up "above t' lamp" - Gobbin Folk:
Now I'd never yet met a true Gobbin
Until one morning - up near the Stocks,
One cum-up to me - puffin and pantin,
Dressed only in trousers and socks!
He said he were 80 this summer,
But he looked nearer 60 to me;
Why it must the the "Ossie" complexion,
Else all t' water er beer they sup free!
I asked him what he thought of "Ossie",
An' how it had changed through the years.
He said: "Nay lass - it's not so much different,
Folks still have their laughter an tears".
He remembered the days of the old Cobbler's shop
Round t' Black Dog on New Lane,
An' where t' trams used to stop,
How when he were a lad -
Wi a line on a hook,
He'd a chance to catch Trout
In the old Tinker Brook!
"But there's none o' that now"
He went on wi a sigh:
"It's all concrete an' tarmac,
An' flats high in t' sky!
Sandblasting an' cleaning all t' thowd stuff away
Why - we'd nod recognise it from one day to day".
"Once they'd dozens o' Chapels
- Now half of em's gone
All t' denominations are rolled into one.
There's t' new road linking West End
To t' rest o' t' town -
I'd have left if they'd pulled 'Pickle-Onion Shop' down!"
But I said with a smile:
"Don't you think this way's best -
For the young ones a future, the old ones a rest?
This modernisation has done "Ossie" proud -
It's popular now, it's attracting a crowd".
But a faraway look just cum into his eye
As he dreamt outside Library
Of old days gone by.
So I left him there, peaceful like
Musing and nodding.
But I'll never forget that old "Ossie Gobbin."

Bob Dobson

deals in secondhand books, especially those of some Lancashire, Yorkshire and Cheshire interest, such as dialect, local and family history. He is always pleased to be offered books and will search for books having some relevance to these counties.

Periodically, he issues sales lists, he also organises Secondhand Book Fairs throughout the North West.

Landy Publishing

have published

From Lancashire Lips: Dialect Verse selected by Bob Dobson. £3.50 + 50p postage.

Valley Verses: Dialect Verses and Tales by Margaret Helliwell. £2.50 + 30p postage.

'Acorns'
3 Staining Rise
Staining
Blackpool FY3 0BU
Tel: (0253) 886103